Cent-vingt propositions dans la raison privative de la catégorisation du possible

Edition : Books on Demand,
12/14 rond-Point des Champs-Elysées, 75008 Paris
Impression : BoD - Books on Demand, Norderstedt, Allemagne
ISBN : 9782322253128
Dépôt légal : janvier 2021

Table des matières

ANNEXES

I   Sur le titre

1   Dans

Dans et non pas sur, ou à propos de, ou concernant la..., car le propos de ce travail et la totalité de sa mise en œuvre se déroulent à l'intérieur des conditions de possibilité premières de la pensée (sans préjuger de l'existence ou non de telles conditions) dont il expérimente et stipule l'existence, et ils en sont entièrement déterminés.

En utilisant la postulation implicite que dans l'ordre de la pensée possible il n'existe rien en dehors de ce que déterminent de telles conditions de possibilité, si jamais elles existent ou existaient. Le penseur (et la totalité de son ouvrage) est confectionné sur le même établi que ce qui se pense.

2   Raison privative

Réduction stricte de toutes les positions méthodiques aux conditions effectives qui conditionnent leur formation.

Avec exclusion (effectivement accomplie) de tout ce qui pourrait sembler exempt des restrictions inhérentes à cette condition. Est réel tout énoncé dont le contenu n'est pas contradictoire au fait effectif de son énonciation[1]. Le garde-fou joint à cette règle consiste en ceci que l'énonciation contradictoire à son propre contenu (par exemple « je dis que je ne suis rien ») consiste en une auto-dénégation. Son énonciation la détruit. C'est le mode d'existence et d'inexistence de ce qui ne peut pas se dire.

3   Catégorisation (du possible)

Du possible (logique, épistémique, empirique, technologique, et ainsi de suite) nul ne peut rien savoir, pour ainsi dire « directement ». À remarquer que cette forme de connaissance (directe) est indescriptible, plus précisément sa description en dénie la réalité, car il ne s'agirait plus d'un objet directement observé, mais de la constitution de son équivalent descriptif. Décrire un objet perçu directement est de l'ordre de la description inarticulable (Come le soleil qui se mettrait à briller dans la nuit, là où il sert à quelque chose). De cet objet indéterminable, ce qui est tel que l'observation directe le révèle, le sujet de l'acte logique ne connaîtra que le stade catégoriel, autrement dit représenté symboliquement et il le connaîtra en le constituant. Cette restriction exclut la possibilité d'une quête de vérité, et nous réduit à la possibilité d'identifier par la pratique des cas de certitude.

4   Possible

La réalité de la pensée se réduit au possible. Le sujet qui pense n'est pas maître de ce qui se pense. Il n'y a pas de vrai et de faux, il y a le conçu et l'inconçu. L'inconçu se pense en tant que tel. Nous sommes réduits au possible car l'inconcevable est intelligible, autant que son inintelligibilité.

II   La Question

S'il y avait une détermination première exempte de détermination préalable et déterminante pour le commencement de l'exercice de la pensée possible, et sans préjuger de la nature de ce déterminant, comment serait-il possible d'expérimenter un dispositif complet comportant toutes les possibilités d'identifier cette détermination (répertoire exhaustif dans les limites du dispositif descriptif) ? Comment pourrait-on repérer de cette façon un nombre fini d'hypothèses organisées en un ensemble complet ? Et comment en rendre compte, si cette opération devait elle-même être soumise à une détermination première ?

La légitimité d'un tel souci sera postulée sans discussion car même son abolition le légitime. Car enfin la position relativiste a dans ce cas une fonction inchoative valant origination.

III   La Procédure

Tout souci d'initialité se réfère à une image séquentielle directe et orientée, apte à des représentations diverses. La plus banale est celle d'un segment de droite ayant commencement, milieu et fin. En somme un bout de ficelle sur lequel on aura pratiqué trois nœuds. Il présentera un but effrangé à droite et un bout effrangé à gauche, car il faut quand même pouvoir pratiquer les deux nœuds terminaux. Sans escamoter le fait qu'un observateur quasi extérieur mais dépendant absolument de l'objet observé conçoit l'ensemble du dispositif. Un tel agencement est suffisant pour épuiser un ensemble d'hypothèses sinon complet du moins nanti d'une forme de complétude. Ce sont donc des hypothèses pour travailler sur une hypothèse. Le plus curieux de cette procédure c'est que de toute cette instabilité doctrinale des certitudes émanent, absolues et indiscutables. Et ce n'est pas qu'une opinion.

IV   Lexique Succinct

Catégorialité

Tout ce qui est manifeste est symbolique. Il y a continuité (isotopie formelle sinon substantielle) entre le simple
« perceptum » (de tous les types, et de tous les degrés de com-
plexité. Proprioceptif, intéroceptif, extéroceptif, etc.) et le degré
le plus élaboré de la textualité. Tout perceptum est ostension et
cette ostension est un acte catégoriel (l'accomplissement matériel d'une signification, un signe mais accompli) compatible
avec le langage. Si cette compatibilité n'était pas originaire elle
n'aurait jamais pu avoir lieu.

Par exclusion d'un état qui eût été purement ontologique de ce qui apparaît, de ce qui se manifeste ; par exclusion
donc de la « chose ontologique ».

Le logique

Ce terme identifie un domaine qui inclut entre autres
termes (nombreux) le terme *la logique*. Même si son usage
n'était pas répertorié il serait licite et obligatoire de l'employer.
L'identification de ce domaine, présente une difficulté due au
fait qu'il ne possède pas d'extériorité ni d'hétérogénéité. Sa définition sera donc non pas descriptive mais constituante : *Domaine de l'effectuation matérielle du sens*. Ce qui n'entraîne pas

qu'il puisse y avoir un moment d'inexistence de cette effectuation, ou une effectuation qui ne serait pas matérielle, ou une inexistence de sens. Quant à caractériser ce en quoi consiste le « sens », on ne peut que remonter à ce qui devient sens, et illustrer la différence ainsi produite. Si ce qui vient avant ce qui se qualifie comme « sens » est le « purement réel » autrement dit ce qui existe dans une détermination strictement ontologique, sans plus, l'ostension de cette chose première la convertit en manifestation de sens, car cette ostension est distincte et descriptible. Autrement dit elle accomplit le dépassement d'un stade qui ne peut pas se concrétiser sans muer, celui que vise l'expression « il y a quelque chose ». Quoi que ce soit, manifeste, ce « quelque chose » n'est plus une chose quelconque, mais une chose individuée. Ostension pas seulement visuelle, mais relative à quelque forme de sensibilité qui soit. Et si je me gratte le nez, nul doute qu'un psychanalyste compétent serait à même d'en faire son miel. Il serait concevable même qu'un culte mystique quelconque puisse élire ce geste comme signe de ralliement (en vouant au bûcher les hérétiques qui, à la place, oseraient se curer l'oreille). Ainsi le terme « sens » est lui-même dépourvu d'opposition ou d'hétérogénéité. Il est saisissable dans la narration fictionnelle de cette transition radicale et irréversible de l'ontologique à l'ostensible.

Un très vaste champ terminologique se rapporte à cette circonstance, mais « le logique » les subsume tous. Symbolique, sémantique, sémique, noétique, conceptuel, linguistique, cognitif, et tous les items d'un interminable répertoire lexical que chacun saura prolonger voire compléter. Tel qu'il est *le logique* fait l'affaire, ce qui justifie son emploi réitéré (ad nauseam pour les amateurs de pittoresque verbal) et même interminablement réitéré dans ces textes. Cette qualification ne vaut que quand elle se constitue. Ce n'est nullement une caractéristique d'un quelconque « réel » premier, qui serait par nature immanent au domaine de constitution matérielle du sens. Le fait logique est l'immanentisation irréversible de n'importe quoi. En dehors de cet acte, et sauf si un dieu le logicise sans cesse, le monde est étranger au sens. Le logique immanentise toutes ses extériorités et ceci épuise la descriptibilité de ce en quoi consiste sa fonction constituante.

Positionnalité

Ce terme répond aux questions suivantes :

1. Vu la contrainte à l'immanentisme, autrement dit à l'inconcevabilité d'un domaine conceptuel extérieur à l'élaboration logique imputable à un sujet (« humain » par redondance et par dérision) car la scrutation d'un tel domaine ipso facto l'immanentiserait, et vu

l'identification du possible au réel (le « inévitablement vrai si on le dit et quand on le dit », la certitude protocolaire ou la tautologie protocolaire) comment se peut-il que l'impossible logique (impossibilité valant irréalité, inconcevabilité valant inexistence) soit caractérisable et que l'on puisse former une expression (d'identification ou de description) inarticulable ?

2. De quel possible cet impossible provient-il ?

3. Que doivent être les conditions déterminantes du possible pour que l'impossible ne soit pas exclu d'expression ?

Deux principes permettront de surmonter cette sidération :

Principe du tout-logique

1. Tout ce qui est (« pour nous », ceci constituant encore une redondance), est dans le logique, même le non logique (alogique, paralogique, sous-logique, translogique, etc.).

La condition ontologique de la condition logique :

2. De quoi que ce soit on ne dira « ceci n'est rien » (même ce qui semble absolument dépourvu de signifié), tout benoîtement parce au moment de cet anéantissement, il

serait déjà trop tard pour ne pas l'avoir dit et ipso facto désigné, distingué, identifié.

Privatif

Ce terme manifeste la requête d'acquiescement à une condition qui est cependant inévitable. On admet d'ordinaire qu'il existe toujours deux biais pour que la nécessité d'une règle s'accomplisse effectivement. Ou l'acceptation de principe, ou l'échec de la transgression. Pour qui reconnaît l'existence d'une telle prescription irrécusable (une sorte de « loi ») il semblerait que l'acquiescement choisi d'emblée et une fois pour toutes s'imposerait comme seule option admissible, s'il s'agissait d'une option. L'auto-annulation de l'entreprise transgressive pourrait apparaître comme une perte de temps et un gaspillage de travail. Sauf qu'une caractéristique essentielle d'une loi de ce type (à portée pragmatique) est de n'être rien en dehors de son exercice, et cet exercice est réducteur, excluant et annulateur. C'est une loi qui n'existe que sous la forme de sa mise en œuvre actuelle et effective. Elle devient nécessaire en raison de son exécution, jamais avant, jamais ailleurs. C'est une loi dont l'effet s'exerce sur son propre accomplissement. Et qui pourrait se commenter en disant : même ce qui va de soi doit être ac-compli. La condition dirimante et constituante que l'attribut *privatif* caractérise va tellement de soi que la tentative de le rejeter ou transgresser est encore un moyen de l'accréditer. Et qu'une telle entreprise puisse se constater suscite un questionnent voire une stupéfaction. Son caractère impératif tient à une circonstance d'une parfaite trivialité, et difficilement déniable (la chose se fait cependant, et abondamment). Rien n'existe dans l'ordre de l'effectuation matérielle du sens qui ne soit le fait d'un sujet. Ou encore, il n'existe pas de fait de sens quel qu'il soit qui ne soit un acte humain, et la désignation ou la description d'un fait de sens doit être compatible avec cette circonstance. Et c'est un sujet humain qui le stipule, en s'y soumettant, et ce sont des sujets humains qui s'en affranchiraient et nous en affranchissant, en témoignant par un moyen quelconque de l'existence de formations du sensé (formations logiques) catégorielles ou seulement de l'ordre de l'ostension qui ne sont pas imputables à une action humaine. En supputant sans doute qu'un récepteur humain puisse accueillir et comprendre une pareille information. Le possible logique est réduit à ce qui est compatible avec l'existence active du sujet lors de son effectuation mais cette réduction est nulle en dehors de cette effectuation. C'est donc une loi dont l'effet ne s'accomplit que sous forme de négation protocolaire (« agie », ou « en acte ») de sa propre impossibilité. Si on comprend sa transgression comme une négation de sa nécessité, alors sa nécessité s'opère par voie de double négation, immédiate, coextensive à son accomplissement, et de cette façon première. L'inexistence de cette loi privative est donc une réalité logique, et son mode d'existence est la négation protocolaire (ou « agie ») de cette inexistence. Pour prévenir cette négation, il suffirait de ne pas penser[2]

Protocolaire

Il est requis de stipuler l'existence de conditions protocolaires afin de parer le risque de les méconnaître, avec des conséquences désastreuses pour la possibilité d'effectuer une pensée exempte d'auto dénégation. Une stipulation non écrite, et même pas exprimée, autorise cependant à entreprendre de méconnaître cette forme de restriction infligée au possible spéculatif.

Les tenants dont le fait logique serait l'aboutissant consistent en un acte constituant comportant le sujet qui exécute l'acte logique. Ces tenants ne peuvent pas être escamotés.

Cette condition est exclusive d'exemption.

C'est une condition radicalement excluante, car son acceptation entraîne qui rien n'est dans le logique qui n'ait pas lieu come une effectuation active, et conditionnée, de la matérialité du sens. La liste de éléments conditionnants est interminable, mais on peut identifier des rubriques majeures : le sujet, le corps du sujet (cf. Troisième Méditation) toutes ses aptitudes perceptives cognitives et symboliques, et tout le dispositif contextuel mis en œuvre pour l'effectuation matérielle du fait de sens. Il n'est pas requis d'en appeler à toutes les déterminations protocolaires de l'acte logique, mais il n'est pas concevable que l'on puisse et l'escamoter et énoncer des propositions non auto-déniantes. Le biais qui permet de tenir compte de la condition protocolaire sans en analyser les composants est la fatalité de la condition catégorielle. L'existence d'un fait de sens même réduit à l'ostension immédiate d'un quelconque objet matériel consiste en un travail et en dehors de ce travail il n'existe pas de réalité logique. La question pertinente par rapport à un terme quelconque n'est pas « qu'est-ce... ? » mais « en quoi consiste ce travail d'effectuation catégorielle ? » ou plus simplement « en quoi consiste l'acte de dire cela ? ».

Un autre biais rhétorique pour tenir compte de la condition protocolaire dérive du constat suivant : on ne peut pas concevoir (ni désigner ni décrire) une énonciation sans énoncé, et un énoncé sans énonciation est une contradiction protocolaire (en ce sens qu'il faut pouvoir énoncer cet énoncé sans énonciation pour stipuler cette absence d'énonciation). Et l'ordre apparent est également indescriptible, qui stipulerait l'existence d'un énoncé qui serait, ensuite, énoncé. L'énoncé dans cet exemple et à chaque fois apparaît comme la trace constituée d'une énonciation. De cette façon, il n'est pas concevable que l'on puisse disposer d'un stock d'énoncés constitués, sans convenir que chacun ne peut exister que lorsqu'il est énoncé. Ce qui entraîne qu'il ne s'agît jamais ni du même énoncé, ni bien entendu de la même énonciation. Même pour un recueil d'énoncés enfermés dans un livre de la bibliothèque, ou d'un énoncé que l'on s'amuserait à énoncer mille fois de suite. Autrement dit l'acte (logique) d'un sujet agissant est requis, même pour faire exister quelque chose qui existe déjà (et c'est toujours le cas. Faire exister une chose même en stipulant qu'elle n'est rien la transforme en chose qui existe déjà. Ou encore, la non existence d'une chose n'est pas catégorisable). Tout énoncé est un acte logique compatible avec l'existence du sujet constituant (plutôt que « producteur »)

La lecture critique est un repérage de la contradiction protocolaire, et sa traduction en tautologie protocolaire.

Même la simple ostension qui est un fait catégoriel s'accomplit comme une énonciation. (Sauf si cette ostension pouvait exister, et être « ostension » en absence de tout sujet). C'est le mode d'être logique de l'ostension et on ne peut rien en retrancher. Quant aux autres modes d'être de la chose qui soustend l'ostension, nous n'en savons rien. En savoir quelque chose est constitutif du fait d'ostension.

Affirmer l'existence d'une ostension exclusive d'accomplissement catégoriel en tant qu'énonciation est une contradiction protocolaire, car un tel fait serait alors énoncé.

En même temps, pas d'énonciation sans médiation de l'énoncé « tel qu'il serait en dehors de l'énonciation ». Par exemple l'énoncé « je pense que je ne suis rien ». Pour qu'il eût été possible, il aurait fallu que nul ne l'énonce. Ce même objet peut être représenté par les phrases contenues dans le livres fermés d'une bibliothèque. Ou l'ostension secrète des choses que nul ne voit, ou qui n'ont jamais encore existé.

Il est ici question d'existence logique. Quant à une existence autonome relativement à la catégorialité, cela relève de la probabilité scientifique, statistique, ou même empirique. Acte qui de fait les catégorise.

Le terme « protocolaire » est préféré à d'autres termes apparentés, comme pragmatique, fonctionnel, instrumental, pratique, qui sont moins inclusifs quant aux conditions matérielles et contextuelles intervenant dan l'accomplissement de l'acte logique. L'utilisation de ce terme se réfère au registre de l'expérimentations scientifique. C'est l'équivalent de règles et de description de pratiques, restrictives (mais qui sont restrictives en raison de la condition protocolaire car c'est l'acte de les transgresser qui les rend restrictives) utilisées dans une expérimentation.

V   Schémas

1	[a]......b c d......e f
2	a......[b] c d......e f
3	a......b [c] d......e f
4	a......b c d......e [f]
5	a......b c [d].....e f
6	a.....b c d.....[e] f
7	<a>.....b c d......e f
8	a......<b> c d......e f
9	a......b <c> d......e f
10	a......b c d......e <f>
11	a......b c <d>......e f
12	a......b c d......<e> f
13	(a)......b c d......e f
14	a......(b) c d......e f
15	a......b (c) d......e f

16	a......b c d......e
	(f)
17	a......b c (d)......e
	f
18	a......b c d......(e)
	f

Légende :

[...]   ≡   ponctuel

<...>   ≡   segmentaire

(...)   ≡   lacunaire

Version ponctuelle

a   ≡   précession

b   ≡   fondation

c   ≡   médianeté

d   ≡   troncature

f   ≡   totalité

Version lacunaire :

a   ≡   vide initial

b   ≡   vide précédent

c   ≡   vide articulant

d   ≡   vide final

f   ≡   vide simultané

Série 1   Interprétation ponctuelle

Première proposition *(série 1 n°1)*

Avant la lettre

Un fondement de la pensée devrait se précéder en tant que fondement. Si la pensée commence, elle se précède.

Un fait logique supposé que l'on pourrait désigner par le terme de « commencement » de la pensée possible, donc réelle, même seulement supposé (donc catégorisé) devient, du fait de sa réalisation effective sa propre précession.

En effet, par définition, il recèle ses propres conditions de possibilité. Il est le lieu où ses conditions de possibilité sont réelles. Il constitue le modèle de sa propre effectivité. Le fait logique qui commence est la forme, le contenu et la source de sa propre précession.

Si on voulait obtenir l'annulation de ce commencement, ou seulement son invalidation logique[3] cette requête serait nulle pendant le temps où elle se formule. La précession est donc une règle privative générale. Qui n'énonce pas une condition de possibilité, mais seulement une impossibilité mécanique qui frappe l'impossible.[4] En tant que règle elle peut se décrire comme condition à venir, car le commencement de fait, lui, est déjà acquis et irréversible[5].

Le fait logique doit être contradictoire par rapport à l'existence d'une condition pré-initiale, ou initialité de l'initialité, car le fait logique s'accomplit. Mais ne dérivant pas d'un autre fait logique, ce qui reviendrait à penser un fait dépourvu de commencement, c'est en cette contradiction que se fonde sa réalité, effective et catégorielle, aussi longtemps que cette contradiction se produit.

Le fait logique est le modèle réalisé de sa propre possibilité, sauf s'il n'est pas possible et n'existe donc pas. L'acte propre de la précession constante (autant que ça dure) est la réalité du fait de sens, de quelque façon qu'on le détermine. Autrement dit, sa perte accomplie, instrumentale, agissante. Comme une cause transcendante, avec quoi on peut la confondre. Le sujet de l'acte logique lui-même n'existe pas en ce moment de précession logique absolue, dont la réalité est de nature mécanique et protocolaire. Le réel logique, nous y compris, se passe de nous pour être. Dans le logique, le sujet est une disparition.

L'origine de la fondation

Le commencement d'un texte quelconque est donné

Demande : Supposons que quelque chose comme « le commencement d'un texte » ou de n'importe quel équivalent de texte est un fait désignable.

Ne pouvant pas exister avant son effectuation, ce commencement est donné.

Et quel que soit le processus pré-textuel qui y conduit, ce « avant le texte » est également donné, et n'existe comme tel qu'à partir du commencement du texte aboutissant et, dans cet ordre, premier. En effet, si d'une manière ou d'une autre il y a connaissance de ce pré-textuel cette connaissance est fait textuel.

Et cependant le textuel commence, quand il est. Sauf à remonter à un « logos » qui est, ou bien rien (« pour nous »), ou bien une « doxa » qui le dit.

Cette carence de causalité interne requiert un degré infime et irréductible du textuel, qui en constituerait la condition de possibilité constante sans être sa propre condition de possibilité, ce qui obligerait à un renvoi à l'infini.

Comme s'il était requis que quelque chose non textuelle écrive le texte tout d'abord, et comme « avant que le texte soit ». Cette écriture est ce en quoi consiste le premier accomplissement de la textualité, et peut se désigner par le terme « catégorialité ». Catégorialité de ce qui est, qui doit consister tout d'abord en sa propre manifestation.

Cette présentation narrative souffre de l'impossible successivité qu'elle utilise. Que quelque chose soit[6] et que la catégorialité existe doit être absolument simultané sauf à stipuler l'inexistence de l'un ou de l'autre. Le premier fait catégoriel est la postulation ontologique. C'est la limite imposée à la « volonté de puissance » du sujet logique[7] et le premier acte logique concevable et nécessaire.

Qu'il y ait « une chose et autre chose »[8] ou que les idées, prises comme images, « les unes représentent un chose et les autres une autre[9] », montre que la catégorialité est le changement ontologique ; autrement dit qu'il n'y a d'ontologique qui ne soit organisé textuellement, ou qui ne soit de nature catégorielle. Pour paraphraser le célèbre propos[10], le logique est la Passion (inutile ?) de l'ontologique[11]. Et peut-être y a-t-il de l'ontologique pur. Mais de le désigner, cela est chose catégorielle, et pour ainsi dire l'être n'est qu'un être de plus. Comme le caillou au milieu du chemin, ou ailleurs, ou autre chose.

Ce qui se dit est immanent à cette postulation ontologique. Que l'on aurait envie en quelque sorte de dater, d'identifier en tant que fait logique autonome, déterminant pour tout autre fait logique, ou parole initiale fondatrice de la possibilité de toute parole, et déterminant sa validité. En quelque sorte un texte originaire, qui réaliserait et prouverait la préséance de la raison ontologique sur la raison logique. Par réversion de cette première logicisation de la détermination ontologique.

Un tel texte (ou formation catégorielle) devrait être aussi peu éloigné que faire se peut de la stricte postulation ontologique, qui dit qu'une chose est et que sa manifestation, si elle est connue, est déjà une réalité catégorielle. Sans tenir compte du fait que, même infinitésimale, cette conversion en logique est irréversible.

Si on choisit adroitement ce texte fondateur, cette irréversibilité peut très bien devenir inapparente. En consistant par exemple en ce texte même que la réversibilité aurait produit.

Autrement dit, le supposé discours purement ontologique, et même, tant qu'on y est, la parole de l'être.

Ce qui donne lieu à des tératologies logiques du type « l'être est ». Et même, si possible, en disant encore moins. Une simple désignation où se dissimule la catégorialité en tant que postulation ontologique. Dire « être », « dieu », « logos », « chose » par exemple. Ou même le cri inarticulé qui dit « je dis que je suis », en affectant ce « je dis » et ce « je suis » de modes et d'accidents.

Cette tentative de régression, dans le catégoriel, vers l'ontologique souffre du fait que le logique est devancé par son propre possible, indépendamment de ce qui serait préférable, ou désirable. La possibilité d'être de cette sorte de désir (sa positionnalité) est immanente au mode d'être initial du logique, qui est comme l'acte de la chose, autrement dit un acte de l'ontologique qui crée et la possibilité d'imaginer un retour en arrière, et la séparation irréversible de l'ontologique pur et de sa manifestation catégorielle.

En ce sens, il n'y a pas de fait logique [12] fondateur, distinct du fait logique quelconque. Par figure, le logique se produit toujours au même endroit. Il n'y a pas de « premier texte ». Mais ceci peut se dire et doit se dire. Il n'y a pas non plus d'automatisme (ni de transcendance) de la règle privative.

La postulation ontologique ne vaut que par se variations. Unique, cela constituerait la cessation du logique, dont nul n'en saurait rien. L'acte logique strictement successeur du fondement serait lui-même fondé comme tout acte logique, et consisterait en une variante de la postulation ontologique. La fondation est cet acte. Le « fondamental » n'est pas une entité, mais un travail.

Il y a cependant une distinction à faire entre le fait de dire « je pense je suis » et « passez-moi la moutarde ». La première forme de la postulation ontologique requiert l'intervention de Dieu pour passer à la possibilité de catégoriser valablement tout ce qui est autre que ce « je » (« une chose qui pense ») tout ce qui ne relève pas du catégoriel, ou de l'idéalité. La deuxième affecte immédiatement ce qui s'y postule comme étant et comme étant affecté d'une variation irréversible, En ce sens, faute de Dieu, il faut s'en tenir à la moutarde. Dont l'être-en-tant-qu'être est une variation. Mais peut-être y a-t-il et un autre sujet d'un autre logique dont nécessairement nul n'en peut rien savoir.

Voir ce qui est

On ne voit pas les choses. On ne voit pas non plus leur manifestation catégorielle. (On participe à la production d'un chiffre[13] relatif au fait que quelque chose est).

Ce chiffre est la chose même. Car l'acte de commencer n'est pas le fait du texte, mais de quelque chose qui lui donne lieu, autrement dit, qui le commence. Et quelque chose commence ce quelque chose lorsque cela est texte, même sous la forme embryonnaire d'un fait logique quelconque (un fait de manifestation non ignorée) même infime même furtif, même mal interprété. Une manifestation « non nulle » en tant que manifestation suffit.

Le texte subit le fait de commencer, ceci jusqu'au terme de son aboutissement. Ce commencement de fait, subi, est exclusif d'arrêt. Si le textuel (ou plus primitivement le catégoriel, et encore plus primitivement le logique) s'arrêtait, il n'y aurait aucune chose, et il ne pourrait pas recommencer[14]. On admettra que ce n'est pas le cas. Pour le texte tout est commencement. En poussant l'image jusqu'à la personnification, on pourrait ajouter : qu'il le veuille ou pas.

Il est permis d'utiliser le terme « chiffre » pour indiquer la transformation de la chose quelconque en fait logique, et le processus qui y correspond est et un chiffrage (mise en forme apte à lecture) et un déchiffrage (transformation en fait de lecture). Sans cause et sans auteur, lequel ne pourrait être qu'un dieu. C'est un domaine où l'auteur succéderait à son acte, si on voulait donner une forme narrative au processus ici caractérisé. Moins erroné que si on disait que le fait logique succède au sujet. Et que serait ce sujet pendant ce temps-là, même infiniment court ? Sans parler du sujet capable d'en faire mention.

Mais il semble possible qu'un texte en commence un autre, en l'annonçant, en l'anticipant, en exprimant le propos de le produire. Et de conclure par un autre texte, moralité, conclusion générale, instructions de lecture, annonce d'une suite. On peut également faire produire du texte, l'énoncé d'un principe, de l'ordre du texte ou du simple réel. Certitude ou postulation. Par exemple « je suis », « l'être est et le non être n'est pas », ou le savon (parmi tant d'autres choses) de Ponge. Mais n'importe quoi fait l'affaire. Même rien, si ça se dit. La textualisation n'est qu'une partie de la catégorialité. Comme la conscience est une partie, et pas la plus importante de ce que, ne sachant pas le désigner, on dira le psychisme. C'est la même relation entre le texte et le logique. Y compris celui que l'on tait. Écrits psychotiques, libre association, écriture automatique, et le récit qu'aurait fait d'une journée de sa vie le personnage de Borges, totalement privé d'oubli, illustrent cette relation. Si de la textualité possible s'inaugure continuellement seul le mutisme actif autorise la formation d'un texte.

Jamais rien ne se dit. Du texte apparaît au lieu de cette incapacité.

Quatrième Proposition *(série 1 n°4)*

Le maître du sens

*L'acte logique consiste à modifier la totalisation immi-
nente du domaine des faits de sens.*

Le logique n'a pas d'opposé, et cependant l'énoncé de ce terme : « logique », est possible. On peut, de science sûre, savoir et dire que « si j'eusse seulement cessé de penser, je n'avais aucune raison de croire que j'eusse été » [15]. Pouvoir disposer d'un terme qui désigne le logique (ou le domaine du sens effectué), comme si cet acte catégoriel le précédait, est auto déniant. Mais il relève du possible (du possible effectivement mis en pratique). En toute certitude, on peut seulement nier que cela n'est pas.

On peut réitérer l'énoncé de cette condition en disant que nul sujet n'existe qui serait capable de nier l'existence d'un fait catégoriel effectif. Cet objet ne pourrait exister qu'en tant qu'extérieur au logique (le logique qui a lieu) et par conséquent pour un sujet ayant cessé de penser. Et s'il continuait d'exister, pour quel sujet l'aurait-il fait ?

Cette condition ne vaut que par son exercice, et lors de son exercice. L'unité du logique est l'unité à laquelle le logique se restreint. Par incapacité à s'affranchir de sa propre totalisation, occurrente et quelconque. Cet incident, gênant, dirimant et pour tout dire tout bête interdit la recherche d'un critère d'unité (équivalent interne de totalisation) libéré de la condition d'effectivité aléatoire (c'est-à-dire, qui pourrait être aussi bien aléatoire, qu'elle le soit ou non) qui crée sa propre intériorité (immanence) au logique. Ainsi, et malgré lui, le logique produit lui-même la pertinence qui soutient son unité.

Ainsi, qu'il puisse y avoir un autre logique que celui qui est de fait et un autre sujet que celui que le logique constitue est un désir sottement contrarié par le fait que c'est en ce logique-ci (quoi qu'il soit) que ces objets convoités pourraient avoir d'existence. La fameuse ubiquité absolue du sens, cette situation « océanique » du logos est produite par une sorte de stupidité fonctionnelle qui borne notre désir « d'outre-logique ». La réalité de ce désir consiste en ce mode ordinaire dont le logique a lieu, et qui constitue sa réalité. La pertinence de toute chose logique (poème, texte de pensée, caillou au milieu du chemin, muraille, déchet, poils et crasse etc.) est impérative. Toute chose logique, qui est catégorielle dans l'unité des termes « chose » et « logique « produit la pertinence qui l'inclut dans le logique. De gré ou de force, car il est alors trop tard pour l'anéantir, ou pour dire valablement « ceci n'est pas ». Le logique est incapable de corriger son défaut. C'est ce qui peut apparaître, pour nous, comme son mode de fonctionnement.

Trop vite constitué comme « un », « le même », alors qu'à peu de chose près (son occurrence) il pourrait être autre. Heureusement, il existe bien des façons de déjouer cette condition. La méconnaître activement par exemple. En utilisant le travail du logique même que l'on se propose de subvertir. L'échec fait discours. Par exemple, les interminables exégèses évangéliques[16], infiniment répétées, retardent et accomplissent l'assomption de cette impossibilité. Mais ce n'est qu'un cas parmi d'autres.

L'occurrence catégorielle qui s'accomplit (ou le fait logique actuel quelconque) est par nécessité mécanique ce qui manque au logique, et qui le totalise. Le fait de sens effectué est une modification terminale du sens ou du domaine du sensé. Celui-ci n'étant rien en dehors de son occurrence actuelle, cette qualité totalisante est toujours valable, et cette pertinence est de droit, faute de contradicteur.

La raison du sens, ou la clé du sens du sens est n'importe quelle manifestation catégorielle. Le logique est le sujet de sa propre totalisation (le logique est son propre totaliseur). Toute pertinence, toute interprétabilité provient de cette sorte d'indifférence quant au terme totalisant et sa possibilité de fait consiste en cette qualité contingente, aléatoire, mouvante du terme totaliseur. Système formel, herméneutique, délire, etc. ont la même condition de possibilité.

Ainsi la totalité du sensé s'interprète d'un point de vue religieux, si je veux. Ou psychanalytique, ou divinatoire, augural, magique, et ainsi de suite. Car c'est l'interprétation qui constitue tout le logique en tant qu'un tout. Comme si le domaine dus sens courrait après le fait totaliseur quel qu'il soit.

En même temps, et de ce fait, toute totalisation secondaire est gênée par le fait que la vraie totalisation (la totalisation de toutes les totalisations constitutives du logique) n'a pas encore eu lieu. Ainsi, tout en étant effectuable, nulle totalisation terminale n'a de valeur qu'instrumentale, dérivée et remplaçable. Mais cet affaiblissement de tout système n'entraîne pas que l'on doive s'en passer. Le domaine du sens n'est constituable que moyennant une position totalisante.[17] Et tout ce qui se manifeste est en quelque sorte une théorie générale sur le monde. Essayez de vous cogner contre un meuble.

Ainsi, terme par terme, le logique resurgit. Et cela pourrait aussi bien ne pas être. Le logique ne disparaît qu'entier. Mort d'un humain, mort de l'humanité, ce sont les impensables que, en pensant, sans cesse sont pensés. La négativité est immanente et fonctionnelle. C'est l'articulation auto-déniante entre la formation totalisante et sa propre péremption. C'est la vulnérabilité totale du logique.

Cette circonstance mécanique, fonctionnelle et, parce qu'elle organise une action, protocolaire qui consiste en ce fait que tout est totaliseur, dans le logique, lorsque cela a lieu, fonde la réalité de ce qu'énonce la bien connue maxime prudhommesque « tout se rapporte à tout et réciproquement ». Mais cela fonde aussi la passivité logique à supporter la catégorisation de systèmes généraux, autour d'un totaliseur quelconque, hypostasié, et le fait que de telles expressions de la totalisation ne peuvent jamais être fausses. Sans confondre catégorisation d'une totalité effectuée, à détailler seulement, et catégorisation (voire mathématique) du processus de totalisation. [18]

Si ce fait logique totaliseur, singulier, non itératif, est autre chose qu'une entité logique fixe et inaltérable, agissant à partir d'un lieu étranger au simple domaine de ce qui est le sensé, il doit s'inclure dans la pertinence qu'il détermine. Pertinence singulière et non itérative, mais compatible avec la pertinence interne du logique tout entier. Ainsi, il n'est dans le logique d'objet singulier, mais des modalités de la pertinence logique globale. Autrement dit, des totalités. Qui ne sont pas là, constituées et permanentes, mais qui dépendent, pour exister, d'un acte de totalisation. La différence entre déterminer l'articulation interne d'une question et l'art de découper un poulet.[19]

Cette circonstance se manifeste dans la possibilité de mise en œuvre d'un art de considérer existant, et d'un art de considérer complet. Autrement dit, l'acte de nier l'inexistence, et l'acte de nier l'indétermination absolue. Pour illustrer ces deux aptitudes logiques, on peut mentionner l'attitude de Freud par rapport aux manifestations psychiques aléatoires et insignifiantes, ainsi qu'à la décision de clore la réalité du rêve dans les propos du rêveur qui le rapportent. Mais aussi par exemple les tableaux de bitume (hautes pâtes) de Dubuffet, et on pourrait continuer.

Cinquième Proposition *(série 1 n°5)*

Calligraphie

Le sens a un bord. Le bord formel du logique est la catégorialité.

La catégorialité s'articule d'interruption en interruption. Il ne suffit pas que la chose logique (le sensé) se constitue, il faut, en plus, que cela se dise. Dire ce que cela dit requiert une interruption dans la séquence du sens constitué, relativement auquel cette catégorisation dernière (qui donne son sens au sensé) est une sorte de récapitulation. Qui vit de la chose interrompue. La catégorialité encombre le devenir du sens qui se réalise seulement. Pour le sens, exister prend du temps. Et comme toute chose qui a lieu, et quand cela a lieu, cette durée se passe à l'intérieur du logique[20], et consiste en un travail[21] du sens. De cette façon, il est requis de dire que le sens n'a pas lieu, sauf en se réalisant. Et la série infinie du sensé, se déroulant selon ses lois propres, est interrompue par cette condition protocolaire.

Des pratiques de l'impossible destinées à refuser l'impossibilité logique illustreraient cette contrainte, selon deux méthodes principales. L'une « voir le sens sans le dire », l'autre, se réduire à la parole. La pure contemplation, la pure spéculation sur de la spéculation. Du catégorisable sans catégorisation, de la catégorisation du catégorisé.

L'une comme l'autre de ces deux restrictions définissent le désir logique et son destin. Car nulle impossibilité ne peut être simplement acceptée et instituée une fois pour toutes. Le sens réel vit dans une chair passible. Dans l'exultation, la déception, la révolte, la violence, c'est selon[22]. Le mode d'être catégoriel du sens, qui se passe dans une lecture, fait que d'emblée nous sommes dans un métalangage, primaire et irréductible. Le monde « simplement sensé » est un monde perdu et interdit, pour nous. Seul les dieux (les divins) voient le monde. Sans profit pour personne.

Le sensé que nous voyons est un analogon du sensé tel qu'il est et ne peut pas être autre chose. « Voir » le sensé est toujours une rétrospection catégorielle. C'est la fabrique de la parole. Autrement dit le sensé fabrique la catégorialité. La manifestation est un protocole.

L'effectuation (quelconque) du sens subit ainsi une interdiction de continuité directe, par l'obligation de se montrer en mode catégoriel. L'effectuation du sens barre le sens. La manifestation quelconque[23] s'arrête à sa catégorialité, inépuisable même dans l'hypothèse d'une durée infinie. Car la catégorialité change la chose, et il est alors permis de recommencer relativement à cette chose changée. Nous ne voyons pas le monde mais la manifestation catégorielle du monde[24].

Qu'en est-il du niveau le plus abstrait (le plus éloigné du témoignage des sens) comme la formalisation mathématique, ou le texte purement théologique, sans scories « sensuelles » ? La catégorialité sous forme de symboles sans référence matérielle, ou sous forme d'un texte qui réfère seulement des attributs de ce qui n'est pas du monde ? Disons qu'il ne peut pas s'agir d'une annulation, d'un anéantissement du sensé effectif, mais une suspension, délibérée et agie, qui correspond, en creux, à la catégorialité ordinaire.[25]

S'il se présentait quelque pli moral dans la façon de vivre ces conditions nécessaires, deux voies se présenteraient, menant diversement au même. Assumer (vouloir le nécessaire, faire son projet de l'inévitable) ou trahir, ou tenter de trahir, l'inévitabilité du protocole catégoriel. Mais en aucun cas la vertu logique ne peut consister en une acceptation raisonnable et définitive de ce qui fait loi, quand et seulement quand on le met en œuvre.

Sixième Proposition *(série 1 n°6)*

L'insufflation

On ne commence pas de penser une pensée qui n'existe pas

Commentaire : Pour commencer de penser il faut que ce qui se pense existe. Non pas comme quelque chose qui est là et qui va être pensée, mais comme un fait de pensée réel, matériellement et catégoriellement.

Il n'y a pas de degrés dans la réalité du fait logique. Il est entièrement, et nous sommes exclus de sa constitution préalable (si nous y intervenons, ce sera aussitôt un acte logique achevé que nous revisitons). L'attitude quant à cette condition varie ; nostalgie, frustration, cynisme, nihilisme, culte du logos, etc.

L'acte logique réel est toujours une rétrospection

La limite de la réalisation effective du logique est toujours derrière nous. Tout acte logique est un constat de dépassement.

Il n'y a d'achèvement que dépassé. L'objet logique est un objet perdu, et qui ne peut pas s'oublier.

« Voir » relève de la remémoration.

L'achèvement apparaît dans l'effet de dépassement

Le dépassement est toujours un accomplissement de l'achèvement et en ce sens il est le mode logique d'existence de l'achèvement (quand le logique commence à être du logique et pas moins) et il n'existe que sous cette forme. Il ne peut pas y avoir de reconstruction identique de l'achèvement (une sorte de pas en arrière délibéré, pour s'y trouver de nouveau), il ne peut pas y avoir dépassement du dépassement. Le sujet est un dépassant captif du dépassé, qu'il doit construire, commémorer, simuler, imiter.

Ce dépassement, si on l'identifie comme transcendance est la limite de la transcendance possible, et le mode d'être de la transcendance opératoirement inévitable.

Cet au-delà d'un fait logique est l'au-delà de tout le logique qui peut exister. Le dépassé est donc contingent et aléatoire. Tout fait transcendance, mais il faut qu'une chose la déclenche. Les choses catégorielles existent ainsi. Il est aisé de fixer un « fait dépassé », source unique du dépassement, cause effective de la transcendance, car tout autre fait logique vient nécessairement suppléer à son inanité. On produit des objets spécifiquement façonnés pour servir de « source de transcendance permanente », comme par exemple une icône sacrée, un verset de la Bible ou du Coran, une amulette, une pierre sacrée etc. La fonction de transcendance de tels objets (et d'innombrables autres objets non mentionnés ici) s'explique par un parasitage de la chose quelconque, qui nous met en situation de dépassement. Donc, ça marche toujours. Pour utiliser un mot inadéquat, le sacré est notre lieu ordinaire d'existence logique.

La quête d'un « dépassé originaire » est une auto définition de notre situation logique, en quelque sorte de ce que nous sommes. Les protestations de misère métaphysique fréquentes dans les écrits mystiques traduisent l'aspect réducteur du mode d'existence de cette transcendance, à savoir sa dépendance locale et permanente relativement à la chose logique quelconque, réelle dès qu'elle est achevée. Les lamentations théologiques sont bien connues, exprimant la peine de ce que le réel (monde, corps) assombrit et souille la transcendance. À si peu de chose près, le ciel serait notre demeure. Il suffirait que le logique disparaisse, ce qui ne manquera pas d'arriver.

La tentative de parvenir à la jouissance de la pure transcendance, du dépassement sans dépassé s'effectue également par des procédés dits de modification de l'état de conscience : transes chamaniques par exemple ou plus banalement consommation de drogues.

Des moyens pour obtenir de transiter par un moment de transcendance locale nulle, originant un état de dépassement sans dépassé actuel. Le fait que le dépassement ne s'achève pas (sauf si toute chose catégorielle s'anéantit) est la faille qui autorise ces tentatives. Car en quelque sorte le dépassement est toujours « à être ». Jusqu'au dernier « dépassement de dépassement », le décès imaginé comme un passage à l'au-delà, ou la réalisation du royaume de la transcendance absolue, fin du monde, accomplissement des prophéties apocalyptiques par exemple.

Si le mode ordinaire d'effectuation du logique n'était pas cet état de dépassement de ce qui s'accomplit comme logique achevé, ces désirs et ces tentatives n'auraient jamais pu exister.

Une terminologie moins affectée par des relents de prédication consisterait à dire que toute chose, si on en sait quelque chose (qu'elle est ou semble être pour commencer) est[26] comme ayant été.

Ce qui crée le logique est ce retour du logique sur lui-même[27] qui produit même la chose qui est comme une chose qui a été, exclusive de simple contemplation, ou observation, ou inspection. Cela ne se voit pas. Le monde se voit « la deuxième fois ».

Ce qui détermine la limitation de la linéarité possible, toujours retenue en cette ultime opération, dont la linéarité résulte. La linéarité est secondaire et sous-jacente, dérivée de cet unique mouvement de rétrospection constituante.

Série 2   Interprétation segmentaire

Septième proposition *(série 2- n° 1)*

Le fruit du néant

(ou la pierre qui n'a point encore été[28])

Même le néant logique doit se créer et être un fait interne du logique

---

La précession est ce qui s'annule et devient de ce fait objet possible d'enquête, car cette annulation même est un événement logique fondamental.

Il n'y a d'autre précession que celle-ci, comble et totalement déterminée par l'objet apparu qui détermine son annulation.

Il ne peut pas y avoir de précession de précession (jusqu'à la cause première, théologique, ontologique, logique, métaphysique).

Ce manque est constituant.

Le néant est cause, mais seulement de ce dont il est cause, et quand cela a lieu.

Le néant qui serait « avant » celui-ci[29] serait le seul intermédiaire pour la création divine des concepts (que deux et trois font [30]cinq, par exemple)

La positionnalité de cette intelligence créatrice est l'inexistence d'un néant logique qui serait autre que celui que le fait logique détermine et abolit.

Un néant encore exempt de toute détermination logique.

Commencer est perdre le néant, et le voir remplacé par un néant déchu. Cette perte est itérative. C'est l'histoire locale du fait logique quelconque.

Cet événement est constant, non analysable, et constitue le mode ordinaire de manifestation du logique (ou de la chose catégorielle).

Inanalysable parce qu'un néant « dégradé » suppose un état précédent de néant pur. Et le néant dégradé, comme précession de l'événement catégoriel, est la même chose que la manifestation. Laquelle ne peut pas franchir le pas qui la conduirait de la situation de « néant sacrifié » à chose réelle tout court.

Peut-on penser la pierre qui n'a jamais encore été lorsqu'elle n'est pas du tout[31] ? peut-on ne pas penser, lorsque la pierre est pensée, la pierre qui n'a jamais encore été ?

En inversant la séquence, on pourrait identifier une productivité du néant, d'un néant justement qui catégorise l'inexistence de toute chose. Mais si on inversait la séquence on ne pourrait plus jamais la rétablir dans l'ordre. Il ne s'agit pas d'une clause expérimentale, car l'entreprise n'est même pas imaginable. La concevoir la dénie. Et nous devons la concevoir pour qu'elle ne puisse pas se dire.

N'est que ce qui n'a jamais encore été. Même la pierre qui est là. Que cela soit est inépuisable. La pierre ne serait là qu'au terme (impossible) d'une infinité de catégorisations distinctes [32].

En considérant seulement la version protocolaire de cet état de choses, autrement dit qu'est-ce qu'on fait qui consiste en cette situation, on peut établir l'inexistence certaine de quelque concept conditionnant et précédant la précession, et que toute conceptualisation (plus fidèlement à la réalité de la chose on dira « catégorisation ») est l'exclusion de l'état de précession qui lui correspond en propre, c'est la pratique logique quelconque qui constitue le commencement de la pensée possible. Laquelle est un fait constant, itératif et trivial.

Huitième Proposition *(série 2 n° 2)*

Créer le principe

Le principe est un acte, ou quelques constatations sur la décapitation du sens. Ou « comment le sens se mange la tête »

S'il peut y avoir une tentative de définir ce que c'est et ce en quoi consiste ce que nous désignons par le terme rationalité, cette tentative requiert déjà d'être l'effet d'une rationalité qui la conditionne et que toujours la précède. Il n'est pas possible alors de poursuivre dans cette entreprise, en faisant comme si une telle condition ne s'était pas manifestée.

Acceptons donc l'hypothèse que, s'il y a rationalité, ce qui la détermine est exclusif de précession. Il n'est pas possible de caractériser plus loin cette condition, en disant par exemple, qu'il est, dans le logique, une fait premier, une raison initiale catégorisable car le lieu de constitution de cet énoncé est exclusif de l'acte en lequel il consisterait, autrement dit une énonciation.

La non extériorité de la fondation au fondé, s'agissant du sens, est ce en quoi consiste la contrainte catégorielle qui régit la possibilité du logique. Cette contrainte exclusive et privative se dit ainsi, le premier fait est un fait.

Cette rationalité originaire est ce qui crée la question du mode d'existence de cet élément initiateur, quel qu'il soit, cette chose miraculeuse qui la hante au départ. Qui doit être sans dériver du principe qu'elle instaure. Comme si toute chose (accomplissement local du sens) était un fait instaurant, plutôt qu'un fait instauré. Caricature de cette circonstance, la chose miraculeuse qui fait penser, le neurone ou le buisson ardent, par exemple. Caricature d'une transcendance du fondement qui ne se pense pas à cause du fait qu'on le pense (ce qui, en utilisant un monstre lexical, l'immanentise).

La raison de la rationalité est immanente. C'est la limite d'un processus possible, (et, on verra plus loin, d'une construction protocolaire), et non une chose logique, Verbe ou Logos ou Esprit ou Race ou Sang ou Histoire ou Désir et toutes les autres majusculeuses choses que l'on souhaitera y ajouter. Voire Dieu. Des termes multiples pour désigner l'impossibilité locale et protocolaire de cette première transcendance. La chose première, le Un articulant, sans raison, dont on ne peut dire qu'il n'est pas non accidentel, « accidentel » par raccourci[33]. Ce *Un* brut, quelque docte que soit le discours qui s'ensuit, est protocolairement requis pour qu'il y ait discours quelconque.

« Un » articulant, immotivé, adventice, advenu, concernant d'emblée tout le savoir, la rationalité, le sens, et la totale virtualité de l'histoire noétique qu'il détermine, sauf lui-même.

Virtualité restreinte par la forme pragmatique de son actualisation : catégorialité et ses variantes, méthodologie, scientificité, poétique, stylistique etc.

Accroc dans l'éternité virtuelle de l'alogique, comme un raclement de gorge en coulisse qui trahit la présence d'un acteur caché.

Cette chose qui détermine la rationalité sans en être déterminée est comme un caillou noir sous la roue du grand char noétique. Au sens étymologique du mot scrupule, un scrupule que l'on enjambe ou qui va nous affliger de bout en bout.

Penser est assumer cette affliction. Dans l'ordre de la rationalité il y a de l'indicible au départ. Et cet indicible ne vas plus cesser d'habiter toute parole, comme une ponte et une pullulation. C'est la lettre de trop. Le principe ainsi compris est l'enfant des ténèbres.

Il est requis cependant que le début s'articule. Ce premier articulant effectif qui articulerait le néant logique au fait que tout ce qui est se sait est le modèle de tout savoir actuel, en ce sens que toute apparition est un savoir, ou rien.

Sauf discontinuité pensable (que cela soit ou non) dans la permanence de l'acte processuel en quoi consiste, depuis le début, le fait de sens, chaque fait de sens est un articulant de cette progressivité perpétuelle. Or, si un seul articulant ne procède pas de son stade antérieur, cette non précession est dans le logique une caractéristique universelle. Sauf si on peut définir un logique et puis, par ailleurs, un autre logique. D'une part le constituant premier, irréductible, et d'autre part le déroulement de la réalité logique qui en découle. Le taxonomiste apte à opérer ce tri étant capable de vivre dans l'un comme dans l'autre de ces deux mondes distincts du logique. Cela se peut, mais encore faut-il que ce sujet nous rende compte de son exploit, et il le fera dans le domaine du logique unique, du logique qu'il y a. Et il devra passer par la catégorialité commune (même si chacun y entend autre chose, car il n'existe pas, qu'on le sache, de sur catégorialité, ou méta catégorialité, apte à nous départager). Autrement dit, rejoindre le seul logique qu'il y a, pour nous signifier qu'il en existe deux.

Et si un tel dessein et ce qu'il en advient peut s'énoncer en tant que certitude privative, cela ne consiste pas en une occurrence de l'autre logique que le logique qu'il y a, pouvant légitimement se rejeter une fois pour toutes au terme de la preuve par l'impossibilité (en quelque sorte, une tautologie protocolaire). Ce en quoi consiste le réel logique ne s'énonce pas directement, mais seulement par l'expérience d'une impossibilité protocolaire. Ainsi, même s'il y a un fait logique premier et fondateur, irréductible, il sera pour nous sous la forme protocolaire d'une double négation. Il aura tout de même un passé. C'est en ce passage articulant que consiste ce qui est premier dans le logique (ou réalisation matérielle du sens). Sans lien de dépendance secondaire, autrement dit non protocolaire.

Cette double impossibilité, à savoir que la raison initiale de la réalité du sens doit être et que cela ne peut pas être un fait interne au sens réalisé, réduit cette possibilité (mais, si ça se trouve, quelque chose comme « du sens » n'existe pas) à une dépendance permanente à quelque chose qui pour aller plus loin il est autorisé de qualifier de « non logique », ou autre que le sens.

Ou alors, le seul fait de sens qui ne se rapporte pas au sens. Indéductible et exclu de fondation cela consiste en le devenir de ce « néant antécédent » ou l'indicible non dérivation. Cette forme d'accomplissement logique du « non néant » ou du « non rien » peut se qualifier, par raccourci, assertion d'être, ou la borne ontologique initiale de la réalité du sens qui s'effectue.[34] Assertion d'être contrainte par ce qu'il en est du néant putatif au commencement du commencement du sens. Cette mécanique du fondement soumet la possibilité du sens (ou, par redondance, de l'effectuation du sens) au fait que ce qui est dit tout d'abord est que « il n'y a pas rien, à cause de cette chose » ou en abrégé, que quelque chose est. Le sens commence en ce premier traumatisme ontologique.

Cette contrainte limite le mode d'existence de l'ontologique qui se dit à cette occurrence catégorielle au sein de laquelle on serait tenté de quêter un objet qui serait le pur onto-logique qui ne se dit pas, ou l'ontologique qui n'est pas l'ontologique qui se dit et, d'une manière ou d'une autre, le dire en disant que cet ontologique qui ne se dit pas, ne se dit pas. Ce qui est en quelque sorte une manière de le dire. La seule qui se puisse, et que l'on ne peut pas omettre. Ce qui est en même temps le mode ordinaire dont le logique se produit et la source de termes redondants qui sur catégorisent cette condition[35] et qui engen-drent des textes interminables (ou des comportements logiques) pour procéder à leur propre dénégation, et à l'occultation de ce travail auto dénégatif.

Comme si le sens était seulement en retard et quant à sa propre fondation et quant à sa propre disparition. Impossibilité de non être dont le mode d'existence logique est l'impossibilité de dire sans auto dénégation que quelque chose, désignée, n'est pas. Il est également inutile de dire que cela est, car lorsqu'on aurait pu le dire, cela est déjà exprimé. Le logique est affecté par cette perpétuelle traductibilité de l'ontologique. On peut il-lustrer ceci en disant que le logique est captif de cette traducti-bilité à la manière d'un infini préalable. Cet épisode est la ma-trice du possible logique et, de ce fait, de la certitude.

Comme si le logique était captif de cette formalité ini-tiale, contraint tout d'abord (mais un tout d'abord qui se réitère) à consister en une assertion d'être relative à n'importe quoi.

Relativement à la possibilité vraisemblable de tout penser, et à la possibilité vraisemblable d'avoir accès (comment ?) à l'être (saisie, perception, spectacle et ainsi de suite) l'acte logique est soumis à une sorte de double détresse. Il ne découle pas de son commencement, il est produit par ce conflit générateur. À la lumière de cette description, il est possible de se demander en quoi consiste le doute euristique (cf. Descartes bien entendu) comme opération de purge extrême et de la chose qui se dit être et de l'assertion d'être qui la constitue logiquement. Pour aboutir à l'ultime résistance logique, à l'insurmontable non négation de ce quelque chose est, comme je pense. En partant bien entendu de l'hypothèse initiale qui dit que je pense, et dans la limite de cette hypothèse.

Qu'un sujet situé ailleurs que dans la détermination stricte de ce protocole puisse observer le sujet qui pense, voire la chose qui pense, demeure une question à traiter. Disons tout de suite que cela ne se peut pas, sans auto dénégation. Car le « je » ne peut être ici qu'une chose qui se pense. L'autre je, celui qui statue sur l'impossible inexistence du « je » lorsqu'il pense, il manifeste et réalise la situation initiale, qui consiste en cette impossibilité de séparer la chose qui se pense de sa productivité logique, et en la réduction de l'ontologique à cette productivité.

De cette façon, l'ontologique qui se dit est une chose, par l'effet de sa traductibilité immédiate et irréversible en logique. C'est par la voie de cette contrainte (dire est le même que le fait qu'une chose se dise, en se manifestant) qu'il est dans le logique et connaissance de l'ontologique, et réaction à cette connaissance. Déception ou exaltation étant deux choix du mode de manifester cette condition. Qui se dit, brièvement, la pensée est une chose, et cette chose est pensée.

La nature du sens

Il y a quelque détermination identifiable comme une positionnalité naturelle.

En ce qui concerne le sens, si cela a lieu, il s'agît toujours de quelque chose qui va de soi et que rien ne saurait révoquer en doute. Non pas le fait qu'il y a quelque chose, mais que cela se sache. La condition de possibilité définie comme positionnalité consiste en ceci que, pour que quelque chose ait lieu, dans l'unité (ou l'immanence mécanique) du logique, il est requis que ce fait redéfinisse rétroactivement tout ce qui est possible dans le logique. Ce qui revient à dire d'une autre façon que, dans le logique, n'est que ce qu'y est déjà[36]. Ce qui ne peut pas faire l'objet d'une inspection directe, mais se stipuler seulement par l'impossibilité pragmatique (processuelle) de dire que cela est autrement. Alors, l'hypothèse s'articule, selon laquelle si du logique (ou sens effectué en mode catégoriel) commence d'être, c'est en raison d'une positionnalité primitive et naturelle. Ce qui en clair, consiste à dire que l'initialité pure, le pur commencement ne se pense pas en deçà d'un acte[37] de positionnalité.

Positionnalité naturelle à laquelle toute question portant sur l'initialité (y compris sous la métaphore inchoative) est subordonnée.

Cette condition est immédiate, et intrinsèque à l'acte logique de déterminer d'une manière ou d'une autre une initialité logique, même linéaire, mécanique, chronologique, épisodique, poursuivez.

Nulle recherche portant sur le commencement du sens, ou sur les conditions initiales de ce commencement, quelle que soit la métaphore qui la porte (initialité, raison, axiomatique) ne doit dédire cette circonstance. Comme une telle circonstance n'est pas le résultat d'un précepte préalable, ce « ne pas dédire » ne peut avoir lieu que comme un dédit du dédit en quoi consiste la non déductibilité de cette condition. Autrement dit il est déjà trop tard pour nier la non déductibilité, car la chose est déjà là sur laquelle la possibilité de déduire se fût exercée.

Le commencement du logique (ou de l'existence du sens catégoriellement effectué) ne résulte pas d'un droit édicté en dehors de son propre fait.

En effet, et même si cela existait, il n'est pas possible de dire qu'il peut exister un droit logique au commencement. Une sorte de dédouanement logique des premières positions d'une catégorialité constituant un domaine rigoureusement construit, en fonction de son propre possible.[38] Le commencement du logique n'obéirait pas au même protocole du possible que le logique subséquent. Mais que pouvons-nous, sujets du subséquent, savoir au sujet de ce logique autre que le logique et précédant le logique ? Et si nous en savons quelque chose, est-ce encore cet autre logique que nous savons quelque chose ?

Mentionner une légalité logique première, ce serait prendre pied dans un autre logique dont ce logique produit ne pourrait pas avoir connaissance. C'est ainsi que des enfants (et pas seulement) jouent à être Dieu.

C'est une condition et la mesure ultime (la limite protocolaire[39]) de la possibilité de l'opération logique[40].

Si le commencement du logique n'était pas dans le logique, nous ne connaîtrions ni le commencement, ni le logique : car un logique duquel serait exclu un « fragment » de son histoire, ne pourrait être connu que par un autre logique, englobant tout le domaine du sens effectué, plus le fragment initial (fondateur, constituant, etc.) qui en serait exclu.

Cette non précession du logique sur le logique (qui « va de soi », mais nous nous accommodons si bien de l'impensable, que cette banalité pourrait nous échapper) si, en étant suffisante, elle constitue du logique « subséquent », ne dérivant pas d'un autre logique, ni de l'un de ses fragments promu « autre logique »[41] elle est de fait (et de fait seulement) nécessaire. C'est une coercition protocolaire valant nécessité.

C'est en cette circonstance que consiste la nécessité privative qui se dit : le logique est soumis à la coercition du fait de sens quelconque, et cette coercition première (et pratique) suffit comme raison, et comme équivalent (mécanique) de nécessité.

C'est de cette manière que ce qui est « suffisant » dans ce domaine est impératif et pour ainsi dire « nous tient ». Car, suffisant, cela accomplit un fait, et consiste en un événement de fait irréversible. On ne remonte pas à « l'instant d'avant ».

La tentative de déterminer fondamentalement la condition de nécessité requerrait une exemption de cette condition première. Et l'acte qui en résulterait rétablirait la condition première. C'est une nécessité protocolaire. Notre manière à nous d'être chose du sens.

Condition première qui consiste en ceci que cette simple condition suffisante permet de commencer. Ce qui permet de commencer a déjà permis de commencer. De ce fait le commencement est imposé et irréversible.

Dans ce domaine ce qui est permis est ineffaçable. Le travail de l'effacer remplit des millions de pages, et mobilise des millions de paroles.

Commencer impose d'aller jusqu'au bout. Jusqu'au terme d'une série du possible, qui n'aura existé, en fin de compte, après la dernière pensée du dernier humain (mais qui pourra en rendre compte ?) que dans une série unique. Mais il est trop tôt pour que la série unique se constitue comme telle. D'où la multiplicité et la non instantanéité du possible.

Il n'est de nécessité que dans une réitération, une imitation de la série unique (en fin de compte) du possible, in vitro pour ainsi dire. Le lieu de cette simulation étant tout ce qui est textuellement cohérent, de la moindre jusqu'à l'extrême réalisation de cette possibilité textuelle. Interjection ou Bible sont en ce sens équivalentes.

La « série simulée » est l'unique équivalent (« pour nous ») d'une série achevée. Du fait même que, contrairement la série achevée de toutes les séries, elle n'est pas unique, même si elle en a la prétention. À la Genèse répond le Déluge.

Cette déconsidération (voire déniée, et même violemment déniée[42]) de la série du possible logique « en cours » est le mode d'être d'une réalité paradigmatique (et simultanée) du « déroulement » du possible logique. À toute série correspond une autre série virtuellement repoussée, et l'interprétation peut après coup en rétablir l'histoire.

Car il est bien évident que pendant le travail de constitution de ce parallélisme la série du possible « vraiment réelle » (c'est-à-dire actuelle) ne peut pas cesser. [43]

Cependant il existe des fournisseurs de modèles réitérables de la série du possible, modèles que l'on pourrait à tout moment réactiver à loisir (comme un jouet à ressorts) pour jouir ainsi d'un supplément de possible, non prévu dans l'ordre des choses du sens. Modèles (au sens du jouet dit modèle réduit) présentés comme des séries du possible détachables de la détermination logique globale et permanente, et avec lesquels ont peut jouer à tout instant sans subir le conflit (voire la douleur) de l'exclusion permanente de l'autre possible actuel. Sidérants ou hypnotiques, ils sont à rechercher dans toute bonne librairie, ou au comptoir du bistrot.

La question du « prix logique » qui conditionne toute position de chose serait ainsi rejeté en dehors du logique.

Sa justification consiste en ce fait que s'il n'y a plus de logique, et ceci bien entendu pour personne, la détermination inchoative devient arbitrairement descriptible. Car on ne risque plus rien. D'autant plus que nous n'existerons pas. Pas d'humain, pas de vérité. Pas d'humain, tout mensonge est permis. Il faut pour cela inventer une sorte d'ange survivant, seul parmi les ruines de l'univers et en train de penser. Mais il se pourrait bien qu'un tel personnage gâchât encore cette occasion unique de mentir sans mentir[44].

L'appropriation dédouanée du « donné x » (ou de quelque chose considérée en tant qu'objet x) assurerait une sorte de gratuité logique à ce que quelque chose soit.

Autrement dit, si on pouvait accéder au logique, en dehors de l'effectuation matérielle en laquelle il consiste pour nous, suppôts de catégorialité, on ne parviendrait qu'à la chose absolument indéterminée, « objet x », chose en général, ou à la « sous-chose » qui se désigne comme « être en tant qu'être ».

Une clé prélogique du logique ne donnerait accès qu'à un domaine phénoménal paradoxal, le monde des « non chose », et ne pourrait se dérouler qu'à l'intérieur de ce domaine auto déniant.

Comme s'il y avait une antichambre du logique commise à cette opération et que l'on ne pourrait jamais dépasser. Son habitant serait le sujet, dieu, le penseur, l'esprit, et d'autres monstres logiques au choix. De là, ils nous enverraient des signes.

Zone contradictoire qui ne se définit que par son inadéquation au domaine du logique, ce qui la rend invulnérable, immuable, inatteignable, comme toute chose arbitraire, le faux équivalant au faux.

Cette distorsion du processus descriptible (comment le logique se constitue à l'intérieur du logique) n'est pas sans rapport avec la question de la multiplicité logique[45]ou de la diversité phénoménale (en utilisant ici cette distinction entre phénoménal et logique, sans statuer sur sa recevabilité).

Mais s'il existe (s'il doit exister) une sorte d'antichambre du logique, il n'y a plus que cela. L'occurrence du logique est immédiate, et ne laisse pas de place vide en vue d'une fondation.

Le logique est une production immédiate et aléatoire. Le sens agît par harcèlement[46].

Cette façon de « faire irruption » fait que le travail du logique lui-même est catégorisable, comme l'une ou l'autre des choses constitutives de son champ.

On ne verra le logique que sous les espèces de la manifestation phénoménale. Ce que signifie, non pas qu'une chose « paraît » (il faudra encore la voir, ou percevoir d'une manière ou d'une autre) mais que la matérialité des choses est déjà catégorielle quand on désire la voir « en elle-même et telle qu'elle est ». Comme « l'une des choses » du logique[47] et déjà dans le logique quand, en quelque sorte, et par fiction, nous y arrivons.

L'illusion d'une limite du sens, avec un dedans et un dehors provient de ce « rejet de fondation » immédiat en toute formation logique[48]. L'utilisation de ce terme étant déjà faire trop d'honneur à ce en quoi cela consiste. Une chose quelconque est et rejet de fondation, à son profit, et réalité totale du logique. Indûment, sans titre et sans droit.

Pas de chose pas de sens.

Autrement dit, le logique est pour lui-même une de ses choses.

Et cependant, nous disons « sens », nous disons « le logique », l'idéalité matérielle (etc.)

La « thématisation » du logique l'institue en donnée comme les autres, antichambre productrice, singularisation locale du sens. Une chose indéduite, qui apparaît comme telle.

Dixième proposition : *(série 2 n°4)*

Apparaître et signifier

La raison du sens est ce qui apparaît.

Si la positionnalité se catégorise ou si le fait qu'une chose soit est immédiatement catégoriel, cela doit se passer en dehors de la chaîne catégorielle première en cours (supposée, postulée, imaginée), et en plus des catégorisations propres de ce putatif niveau de réalité logique, actuel et immédiat.

Si, en plus de faire en sorte que cela soit catégoriellement, on peut dire de quelque chose que cela est, cette sur-catégorisation n'est pas le mode d'être de la catégorialité d'une chose, mais de la catégorialité même.

Qu'une chose, apparaissant, consiste en un fait catégoriel, ne suppose pas une séquence incomplète (mutilée pour ainsi dire) comportant une apparition de la chose elle-même, un escamotage de cette chose elle-même, et son remplacement par une catégorialité matérielle (la chose, mais sue). Forme de création de la chose insécable et que peut illustrer l'image d'un organisme vivant. En un sens technique (protocolaire) la catégorialité est première, et sa connaissance par nous est une sur catégorisation.

Autrement dit, la catégorialité, comme la chose, ne se « voit » pas, elle est un acte catégoriel. Une création de ce qui existe. Que quelque chose se voie est une cécité du sujet.

Si on n'en conclut pas qu'il existe une catégorisation première, la réalité catégorielle est toujours celle d'une sur-catégorisation. Cette circonstance ne valide pas l'usage de la sur-catégorisation exercée sur un simulacre de catégorialité primitive, immédiate, existante sans que nul n'en sache rien.

Les faits logiques, les accomplissements effectifs de la positionnalité réelle disparaissent en leur catégorisation, ce qui n'autorise pas la recherche qui voudrait établir ce que c'est, tout ça, en dehors ou avant leur existence catégorielle.

De même, on ne peut pas concevoir une catégorialité qui ne soit le mode d'existence d'un fait logique. Nul sujet ne produit un fait logique. Ce qui peut se dire ainsi : nul sujet ne pense.

Il n'existe pas non plus de sujet apte à produire cette double exclusion. Ce qui signifie que cette double exclusion, et de sujet et de chose, doit avoir lieu, doit advenir, doit suivre le mode opératoire du possible, qui, en raison de l'existence du sujet et du mode d'existence du sujet, est un protocole.

Ce paquet de transcendances pratiques, de mouvements allant vers le catégoriel, mais ne pouvant pas partir d'un autre non catégoriel qui ne soit celui qui disparaît dans l'accomplissement de la catégorialité, épuise la transcendance logique possible, mais la rend également impérative. Ne pouvant pas se statuer de l'extérieur de son exercice.

Le caractère impératif de cette transcendance opératoire irréductible est ce en quoi consiste la possibilité de fait[49] de la séquentialité.

Cette condition initiale de la séquentialité est ce en quoi consiste l'unéité du logique, réduit à une chose, car incapable d'annuler ou de rejeter quoi que ce soit (sinon, pendant cette annulation, le logique ne serait rien). Cette incapacité est la raison ontologique de la raison logique.

L'énonciation est ce à quoi se réduit l'acte catégoriel. Cette détermination est irréversible. On ne régresse pas de l'énonciation à l'énoncé, et si cela se pouvait, l'opération aboutie serait encore une énonciation. Regarder un objet logique quelconque (pierre ou texte) est accomplir une énonciation. On ne dit pas le même, et c'est ainsi qu'il y a parole.

Décalage, surcroît, distorsion, ce petit phénomène est le cliquet qui contraint la parole au logique. Étrangeté relativement à notre propos et à notre volonté. Entendue comme une mention abrégée de l'effectuation catégorielle du sens, la parole demeure ainsi une chose à comprendre, même quand on a tout compris. Même déjà déchiffrée, la réalisation effective du sens ne dépasse pas le statut de lecture.

Qu'une chose soit et que la lecture ait lieu est le même fait. La chose logique, la plus immédiatement déchiffrable qui soit est un objet critique et logiquement productif.[50]

Il y a toujours lecture, et lecture toujours protocolairement définie. Poétique, instrumentale, scientifique, utilitaire, superstitieuse, mystique, taxonomique, toujours inévitable. Ce qui est se connaît seulement par ce biais protocolaire.[51] (Et, la lecture étant un acte de l'autre, ce protocole est nécessairement contractuel).

Cette sorte d'intelligibilité constante (on devrait dire « fatale ») soutient l'illusion[52] d'une toute-puissance logique, affranchie de la condition protocolaire[53]. Cette illusion logique est vraie, comme toute illusion et comme toute erreur et comme toute transgression en raison du fait que, quoi que ce soit, cela est du logique, qu'on le veuille ou non, qu'on suive ou non les conditions protocolaires.

La possibilité de transgresser la loi logique est concevable seulement si cela est une condition constante de la réalisation logique. Le logique est ce qui advient de la transgression du logique quand elle est commise et comme elle est commise.

Le fait logique est toujours un parcours, d'impossible à possible, celui-ci devenant lui-même impossible au-delà de sa représentation actuelle. L'immédiateté de cette séquence n'interdit pas d'en représenter le déroulement. Ainsi Dieu ne se déduit que de son néant (comme chose impossible, ou insupportable) et, une fois désigné, il ne correspond plus à ce qui est ainsi désigné. Il en va de même pour toute chose, sinon il n'en irait pas ainsi pour le terme « Dieu ». Ce terme impossible dépend comme toute chose d'une positionnalité réelle.

Cette séquence s'exprime en disant que toute chose est non seulement intelligible, mais un cas actuel d'intelligibilité. Et même que n'importe quoi est bon, en tant que réel logique. Et que n'importe quelle multiplicité de l'effectuation du sens est toujours cohérente, quelle qu'elle soit, même déterminée par le célèbre dé *lancé dans des circonstances éternelles.*

Cette conjoncture rend possible la description de séries du possible (ou de cohérences aléatoires) autonomes relativement au possible qui a lieu, une sorte de possible naturel, qui se caractérise uniquement par la distinction permanente entre être et n'être rien, pour l'existence de la chose sensée. Une sorte de série du possible « naturel ».

Définir une série du possible consiste toujours à défier le possible, et ce défi est inévitable. Le possible est toujours autre que toute série déterminée. Par exemple, la cohérence d'un projet de guerre, ou celle du système de compréhension caractéristique, pour le spectateur, d'une discipline sportive, ou encore toute explication cohérente du monde dans une activité logique dite « délirante ».

La création de séries cohérentes catégorise la constance du possible logique, qui est pragmatique, et nullement descriptive. La description constitue également la série du possible et ne peut pas s'en détacher[54].

La séquentialité constitutive de la série du possible est celle qui constitue l'acte catégoriel qui désigne la série du possible. Non pas une ligne susceptible d'être parcourue de loin, mais la constitution locale du logique, rétrospectivement descriptible comme une sorte de séquence à trois temps, de type « zéro - un - zéro », ce qui se déchiffre en disant que le fait logique n'est que la perte protocolaire d'une chose non logique, et qu'il devient aussitôt cette chose non logique, qui existe par sa perte catégorielle. On voit aussitôt ce qu'il en est de la vérité catégorielle de cet acte de description, et si cela est compatible avec la possibilité de décrire une séquence, ou encore si la description en trois temps est autre chose que ce même événement en trois temps que la description identifie. La soumission de l'acte descriptif à la condition protocolaire est la clé d'une forme de déductibilité de nature privative.[55]

Ce passage par la logicisation de la chose requiert la chose quelconque (fait perceptif, symbolique, iconique, langagier, etc.) et en détermine la dépossession en tant que chose. Mais cette dépossession ne peut pas être renoncement méthodologique préalable à son occurrence. Sans chose, pas de perte, et la perte doit se vivre. Le mode d'être de la chose donne le protocole de sa perte. Le protocolaire est premier, mais il est déterminé par la chose. Même inventer la chose c'est s'y soumettre selon le protocole du possible logique.

Ce décalage entre le fait et le dit est constitutif de l'acte catégoriel, et du travail qui consiste à en fausser le protocole. Ce décalage irréparable apparaît dans le propos de dire une chose, sans dire « une chose dite ». Autrement dit, dire ce qui ne se dit pas et qui se trouve cependant exposée, sous notre regard. Dieu ou ma main au-dessus du clavier. Sauf que « la regarder » est la transformer en chose qui se dit. Ne se dit que ce qui ne se dit pas. Ce dont la caricature peut être une « pensée de ce qui est occulte ». Le caillou au milieu du sentier hypostasié en « Dieu » ou en « Être ».

Par figure, le logique est la cause et le moyen protocolaire de sa propre transgression. En ce sens, il est une rectification, une lecture corrective qui ne peut pas ne pas commencer, et qui ne peut pas terminer sauf si le logique n'est pas, ce que nul n'aura jamais su. Réflexivité et traductibilité sont des termes qui peuvent catégoriser cette condition. Cet état de réflexivité est irréductible, et même inguérissable. Il n'y a pas d'appropriation d'objet qui ne consiste en une catégorisation.

La non primitivité du fait logique, exclut mécaniquement la validité d'une quelconque position inchoative[56]. Le fait logique est irréductiblement secondaire. Cette forme d'échec d'une position fondatrice (et interne au logique) est la possibilité accomplie (la positionnalité) de la sur-catégorisation, ou de la catégorialité non constituante[57]. Ce primat, par irréductibilité protocolaire, de la chose tardive, exclut le sujet singulier, et l'acte logique univoque. Qui se décrivent ainsi comme la réalité qui se trouve au plus près du fait logique réel. Cette proximité invite à la transgression. En désignant l'univoque comme la désignation de ce qui ne se désigne pas, et le sujet comme ce qui est derrière tout acte logique, voire celui qui parle du sujet de l'acte logique[58].

Cette sorte de micro transcendance locale, sous forme de séquentialité accomplie entre le non logique, le fait logique et de nouveau le non logique requiert une description critique, car l'examen de ce processus est inarticulable : ne se dit pas quand on le dit, et parce qu'on le dit. Si cette chose qui ne se dit pas se dit quand même, c'est parce que l'impossibilité passe par sa propre destruction explicite. Désigner, ou décrire le non logique consiste déjà en sa conversion en logique. Utiliser le fait logique constitué pour produire du non logique est un fait logique.

Ainsi cette séquentialité atomique, ou l'impossibilité d'une identité du fait logique qui se prolongerait sans acte logique, est insécable. On peut tenter de l'arrêter, ou de la défaire, afin d'obtenir en un mode non protocolaire, l'identité de ce qui est avant et de ce qui est avant le logique. De ce qui est devenu le logique et ne peut plus le demeurer. Une pratique exemplaire de cette tentative ce serait par exemple de caresser dans le noir un objet familier. Ou bien de manger la bible (à la façon de certains prédicateurs américains). Obtenir (selon une procédure différente de celle en quoi consiste le protocole de la catégorialité[59]) la chose logique au moment où elle va devenir logique, ou la chose logique au moment justement où elle est devenue déjà logique ne fait que réitérer le mode ordinaire de réalisation effective du sens. L'acte de transgression réitère strictement le protocole ordinaire de la catégorialité, et ce fait constitue la positionnalité (la possibilité de poser) de la transgression.

Le fait le plus local et le plus irréductible de la réalisation effective du sens est donc une transformation irréductible et indépassable. C'est l'origine de la linéarité, de la séquentialité, et à tout prendre de l'historicité. Mais cette transformation doit avoir lieu. Autrement dit, jamais acquise, elle fonde la possibilité d'un propos de déni. Mais l'acte de déni est lui-même une transformation.

Aucune force primordiale, occulte, antécédent absolu de toute conséquence n'est ici à l'œuvre. Une telle fiction (licite en tant que fiction) catégorise une condition technique, mécanique, arithmétique, que nous ne saurions ni justifier ni critiquer. C'est ainsi. Le mode d'existence du sens est catégoriel. En dehors, ou bien n'y a-t-il rien, ou bien n'en savons-nous rien. Et nous n'avons pas à le savoir. Ce n'est pas une condition. Ce manque de savoir préalable est le mode privatif de l'existence du sens. Il manque un sujet.

Il n'y a pas de raison de la raison du possible logique. La raison du possible logique n'a qu'une portée protocolaire. Ce qui peut se dire du déterminé est qu'il est l'unique mode d'être de la détermination[60].

En risquant un terme de la troisième méditation[61], s'il avait pu y avoir eu une idée, nulle idée ne s'ensuivrait. Ce qui eût été complet, en tant que réalisation catégorielle, doit encore se lire. Même les termes d'un mantra, ou d'une quelconque devise idéologique. On a produit et on produit encore des millions de ces monstres catégoriels, qui consistent en un terme objet, cri ou texte, qui est là, mystérieusement, comme une chose, comme si une chose n'était pas lecture du fait qu'elle est et du mode dont elle est en train d'être. Et des monstres qui sont là légitimement, à condition de ne pas dénier le fait qu'ils sont lecture, et chose à lire. Si on pouvait voir une chose, il ne pourrait pas y avoir de lecture.

On ne défait pas la séquentialité atomique ou le mode d'existence séquentiel du fait logique atomique (un, identifié, singulier) quelconque. Même si la possibilité de suspendre, de défaire, de dédire et même de décomposer cette unité protocolaire[62] est permanente, et intrinsèque au mode dont son impossibilité se produit. Impossibilité qui ne provient pas d'un précepte méthodologique institué une fois pour toutes. Quand ça ne se passe pas, cela ne vaut pas[63]. Impossibilité instrumentale, en ce sens qu'isoler un stade de la catégorialité (avant, pendant, après) est une forme de catégorialité complète, et qui a épuisé la séquentialité immanente à sa formation.

Cette condition protocolaire peut apparaître comme une loi transcendante, une sorte de raison de la raison du possible catégoriel. La chose se crée. C'est la positionnalité d'une entité créatrice, sans l'intervention de laquelle tout devrait s'arrêter. Une raison métaphysique déterminant la raison ontologique de la raison logique.

La description ou le simulacre de production d'une séquentialité linéaire primaire[64] souffre d'une restriction protocolaire. Elle a lieu en tant que dernière en date des actions logiques. La réalité positionnelle de la séquentialité se réduit à la rétrospection. L'image d'une action logique « dernière en date » est déjà un acte de rétrospection, irréductible et indépassable. Cette contrainte instrumentale et actuelle est l'origine de la réalité catégorielle de la séquentialité[65]. Augustin y a longtemps œuvré, et nous savons que s'il y a un présent il n'y a plus aucun temps. Le logique (voire la pensée, l'esprit et toutes les autres entités de la même eau) consiste en cette perte du présent[66], au plus près du présent[67]. C'est le mode d'être logique (si on enlève la face catégorielle de la chose, on dirait « spirituel ») du présent.

Cette vérification protocolaire est présente quand elle a lieu[68]. Ce qui est une manière oblique de dire que l'on ne peut pas ne pas penser que quand cela a lieu cela est présent, et que nul sujet n'existe en dehors de sa stricte contemporanéité à l'accomplissement catégoriel du logique (plus vaguement « du sens »). Ou alors, nous nous trouverions face à face avec cette chose tenace en entêtant, ce que nous ne savons pas[69], à coup sûr[70]. Ce qui est le mode ordinaire[71] d'existence de ce qui se sait.

Ce qui restreint le sens au possible est une raison protocolaire, ayant fonction, dans le logique, de raison ontologique. Cette raison ontologique n'est donc pas de l'ordre du méta sujet, le « sujet à gauche » qui se constitue lorsque quelqu'un se mentionne, ou dit quelque chose concernant le sujet qu'il est, et n'est pas non plus de l'ordre de l'entité déterminante (logos, esprit, voire saint esprit, injonction divine ou diabolique, etc.) mais elle est intrinsèque à la condition catégorielle de l'existence (« pour nous ») du sens. C'est une raison ontologique (de rien on ne dira : ceci n'est pas) qui ne vaut que lors de son exercice, Il se peut que les choses ne soient pas ainsi, Mais si on le dit, c'est ce que l'on peut en dire. Plus exactement, ce que je peux entendre comme étant une chose qui se dit. La raison ontologique est soumise à la raison protocolaire. De la raison ontologique « elle-même », nous ne savons rien.

La scène du sens enferme le sujet à chaque fois que quelque chose est apparente. Le logique existe comme catégorialité matériellement constituée. Ce que de la chose est le « pas encore catégoriel » existe en sa conversion actuelle en catégorisation. Toujours visible et toujours perdue, la chose du monde[72] existe comme fait de fondation, qui rejette tout autre acte de fondation. Cet échec à fonder résulte de ce que par figure ou peut nommer la générosité logique du monde.

Onzième proposition *(série 2 n°5)*

L'aboutissement

Signifier est une mutilation ontologique.

Dire est couper (coupure oraculaire) et conclure (autorité de la chose dite : on ne dira pas que cela ne se dit pas, on ne fera jamais que cela ne se dise pas). Cette non annulation (pour l'éternité postérieure, et justifiée par une éternité antérieure : depuis que quelque chose est, cela a conduit à ce « dit ») est la positionnalité (ou raison technique) de la raison ontologique de la raison privative. Même « bonjour comment ça va », ou « passez-moi la moutarde » [73]. Cette impossibilité d'annulation est aussi caractérisable comme une créativité.

Coupure, inévitabilité, impossible annulation (annuler ajoute) : le sujet-penseur vit cette douleur logique sous la forme de la soumission créatrice. Ce par quoi le fait de pensée est sa propre détermination est cet empêchement terminal de passer outre. Ainsi, le cas définitivement suffisant de l'empêchement à dire « je ne suis pas » ou « je ne pense pas », sans auto référence[74]. Le propre du sujet-penseur est ainsi de seulement tendre l'oreille au diktat de la catégorialité. Ou d'écouter avec ce qui se dit[75].

Il y a lieu de décrire non pas le logique, mais la vie du logique. Ce qui se rapporte à la narration et à la fictionnalité. Il n'existe pas de « penseur du sens », mais de narrateur de ce qui se passe lors de l'effectuation catégorielle du sens. Et ce narrateur est le même qui produit le texte de fiction, littéraire, ou autre : politique, mystique, idéologique, juridique, etc.

La suspension permanente est un acte. Ce n'est pas une privation d'autre logique que le logique, mais l'offre (la mise à disposition) de tout le logique qu'il peut y avoir[76]. Le terme, au sens de forme terminale de la création matérielle du sens (une chose à laquelle il arrive d'être un fait de sens, même réduit à la preuve effective que cela est) est toujours un achèvement précipité et abusif.

Ce qui fonde l'existence du terme (autrement dit sa positionnalité) est le fait qu'il anticipe sa déductibilité, que son actualisation est aléatoire, et que son seul titre à être quelque chose de plus que le logique (ce qui se dit aussi en affirmant que l'idée de Dieu est au-delà du sens humain) consiste en ceci qu'il est toujours le dernier en date des faits d'effectuation continue du sens.

Le privilège du terme consiste en son effet de négation de l'au-delà du terme. Effet mécanique et trivial, ayant valeur de détermination absolue. Trivial car ce qui s'ajoute au terme est le terme, et la réitération identique du terme est un autre terme.

Des impératifs protocolaires qui donnent forme à la liberté spéculative, enclose dans un protocole matériel. Cette condition protocolaire qui soumet le sens est la première chose qui se pense[77].

La réalité du terme consiste en la sortie d'un travail de sens (champ local, système atomique) non pas par aboutissement, non pas par dépassement, mais par péremption. Et cette péremption est elle-même un travail de sens, soumis à la même condition que le travail de sens qui périme. Travail de sens s'entend comme ce qu'il en est de toute production catégorielle lorsque cela est quelque chose pour quelqu'un. La moindre des choses est un travail catégoriel. S'il n'y avait personne, cela serait une catégorie constituée, mais pour un sujet que subsume l'inexistence de tout sujet, autrement dit le bon Dieu[78]. Comme disait Thomas d'Aquin, « tous les êtres singuliers [qui] relèvent de la Providence ». Même si on réduit sa catégorialité à une désignation, un fait déictique quelconque, un spasme, un tic, un cri[79], une éructation.

Il n'y a pas deux termes (« à la fois », autrement dit tout court). Tout ce qui a lieu, du sens, est le fonctionnement local et interminable d'un terme. Sur-catégoriser consiste en l'acte de formation d'une catégorialité effective qui reprend à son compte une catégorialité qui se serait déroulée jusqu'à l'aboutissement terminal de sa production. La permanence du terme ou le fait constant qu'un terme ne peut pas être le même, peut se sur-catégoriser aisément sous une forme de fétiche, ou chose intrinsèquement lue sans qu'il y ait lecture.

Voir sans lire représente le dépassement toujours imminent de la contrainte catégorielle. La figure du terme est l'impossible qui se voit. Mais « voir » est lire, et tronquer l'éternité virtuelle d'une réalité logique effective. Que la visibilité du monde existe dans cette perte explique l'existence du texte, ou expérience continue de cette esquive du terme. Le mode de cette expérience est divers. Acquiescement, révolte, dissimulation, outrance, culte, haine, etc. [80] Jusqu'au terme qui échappe à cette déchéance, et à cette situation critique, en étant le terme qui ne peut pas se représenter (Le Dieu monothéiste).

Le texte ainsi entendu est le travail continu, effectif, explicite, de rejet de ce qui ne peut pas se lire, et de cela exactement. Et seulement de cela. Nous avons besoin du Dieu trompeur qui nous dit « tu n'est rien malgré que tu penses que tu n'es rien » (ou seulement, malgré le fait que tu comprends ce que je te raconte en te disant que tu n'es rien). En ce sens, le simple « spectacle de ce qui est » a lieu comme un texte a lieu.

Et s'il faut toujours un terme pour dire (sous forme de lecture) quoi que ce soit, tout terme fait l'affaire pour le dire. Car en disant explicitement ce qu'il est, il ne correspond jamais strictement à ce qu'il en serait s'il n'était pas cette lecture explicite[81] mais s'il était seulement. Ce décalage permet l'utilisation contractuelle de signes, symboles, idéogrammes et tous les autres détournements concevables de la littéralité stricte.

Si nous étions initiaux, cela serait notre terminalité. Le commencement est là où il peut être. Il ne se dissèque pas, en vue d'une réimplantation dans des zones primitives (corps, âme, monde, histoire) de l'effectivité du sens[82].

Reste la tentative de ne pas lire. De sauvegarder, par ce travail de non lecture, l'existence d'un énoncé qui ne peut pas exister. Travail de non lecture qui peut aboutir à la destruction du lecteur. Car savoir que cela est, exclut que cela ne soit pas un fait de lecture[83].

Le fait qu'il y a lecture consiste en l'acte de devenir logique, qui est le mode d'apparition de quoi que ce soit. Par figure narrative, l'humain est toujours l'arrivée de l'humain, et l'humain est toujours en train d'arriver ici. Cette arrivée exprime le fait que, pour quoi que ce soit, le fait que cela est est un acte d'homme, et nullement du Dieu créateur, qui voit que cela est, et que cela est bon (la terre, l'abîme, les eaux, la lumière, le firmament, le continent, la mer, et ainsi de suite). Ce dévoilement logique est antérieur à l'entreprise de nommer les animaux qui nous a été impartie. Cette arrivée, ici, consiste en ce devenir logique qui atteint le monde. Qui atteint n'importe quoi.

Cet incident est toujours ce qui arrive à quelque chose. « Arriver » signifie que cet incident se montre, avec une chose. Qu'il y ait quelque chose consiste donc en une écriture « avec » la chose. Ce dépassement de la simple « choséité » (ou mode d'être réduit strictement à l'ontologique) vers l'intelligibilité (même extrêmement minimale) est l'acte d'écriture irréductible en quoi consiste le monde. Même les travaux de destruction de la matérialité logique sont une écriture comme les autres. On ne voit pas les choses. On subit[84] l'acte d'écriture en lequel elles consistent.

Même en réduisant la manifestation au déchet qui résiste à la totale annulation du sens, ce déchet n'est pas dissociable du travail d'annulation du sens d'où il provient. Il suffit que cela se sache pour que la virtualité de conversion en logique (autrement dit la virtualité d'être écriture) aboutisse de nouveau.

Par exemple, le signal binaire, le morse[85] et même moins, si on parvient à le penser. Le moins d'écriture possible est déjà toute l'écriture qui se peut.

On peut entreprendre de n'en rien savoir. De transformer cette productivité logique permanente de toute chose en occurrence particulière et exceptionnelle. Il suffirait d'annuler le sujet pour obtenir une discontinuité, une suspension, une cessation de cet effet d'intelligibilité. Et de la rétablir sans sujet, sous forme par exemple de message médiumnique, de production sous l'effet de narcotiques, d'écriture sous la dictée d'un dieu, ou de « sur production de sens » attribuée à certaines choses, au moyen de clichés institutionnels (la beauté de la fleur, le charme de l'oiseau qui chante, la masse imposante des ruines médiévales, la magnificence d'un paysage rural, etc., infiniment.)

La réalité[86] de ces exploits est ce qu'ils veulent contrecarrer. La détermination du sujet par la condition protocolaire d'effectuation du sens est la réalité de la tentative de produire du sens sans sujet[87]. Le recours à toute autorité, mystique, idéologique, érudite, est une opération du même ordre.

L'imminence de néant logique, qui consiste en l'impossibilité de répétition identique d'un fait logique terminal (le « dernier en date » sans autre privilège que cette position protocolaire) se catégorise sous forme de moment neutre, moment de suspension, moment d'attente, lieu ou situation encore « purs » relativement au sens (« humain » bien entendu) la virginité d'un instant d'extase, ou seulement la feuille blanche désignée par la blancheur comme par une lettre, une inscription, une écriture.[88]

Le logique s'exécute toujours face au néant. Déchéance (chute, si on peut utiliser la notion religieuse) par rapport au sens possible (toujours « un peu moins » que ce qui se pourrait) mais également déchéance du pur néant, assimilé quelquefois à l'esprit humain « en personne ». Pureté, intégralité, vacance qui peut se décrire comme ce qui était juste avant le logique, mais qui est produit par le mode matériel et protocolaire d'effectuation du sens[89]. Extrémité germinale ou plaie ouverte, le sens s'interrompt. Faute de quoi la mort ne serait rien. En tant que réalité immuable, il n'y a pas de sens.

Le sens manque. Ce qui s'en accomplit est un présage jamais vérifiable. Le commencement de la séquence du sens est actuel. L'accomplissement effectif du sens ne parvient pas à commencer, retardé par son propre exploit terminal, parcellaire et adventice.

La vie du sens est ainsi accablée de termes abrupts et inaccomplis. Ce manque requiert un acte d'écriture.[90] Déni opposé à ce terme qui n'a d'autre qualité que d'être, en absolu, le dernier en date.

Douzième proposition *(série 2 n°6)*

Le mort qui pense.

Le fait de sens n'est réel que dépassé.

Tout se passe comme si on pensait seulement lorsqu'il n'y a rien (aucun fait catégoriel).

Cette inexistence doit cependant avoir lieu, avoir une réalité catégorielle.

L'événement en lequel consiste ce fait apparaît comme un reste à surmonter.

Pour qu'il n'y ait rien, pour que quelque chose se pense (ou une quelconque sorte d'illumination logique survienne, une apparition matérielle du sens, mais détachée de toute autre détermination préalable) dans cette neutralité noétique achevée il faut accomplir ce pas (d'anéantissement) seul mode de naissance pure du sujet cogitant. En quelque sorte, le doute au-delà de l'hyperbole, au-delà du dieu trompeur, jusqu'au dieu autodétruit. Une pensée (en tant que métaphore pour l'acte logique quelconque. « Pensée » signifie aussi n'importe quelle occurrence déictique) se constituant au-delà de toute détermination conceptuelle ou matérielle. Un suicide glorieux et fondateur. Modèle de la survie au-delà de la mort que promettent les religions, calquée sur cette condition paradoxale qui soumet le possible logique. En effet, si cette condition n'est pas remplie, toute pensée est aliénée à autre chose qu'elle-même. C'est autre chose qui pense ce qui se pense. Le sujet, lui, ne pourrait jamais penser.

Subversion du dépassement local et instrumental en lequel consiste la constitution du fait logique. Outrance ou redoublement de ce dépassement instrumental cependant réel et inachevé, tout en paraissant fini. Doute hyperbolique et certitude protocolaire qui instaurent une liberté logique que nul savoir ne peut altérer.

Le dépassement ordinaire et instrumental qui constitue le fait logique en sa matérialité catégorielle est captif justement de la matérialité de sa réalisation.

Dépassement immanent et non autonome (non prélevable) malgré qu'il soit expérimenté. L'entreprise qui consiste à transférer cette faculté de dépassement à un autre sujet, défini ad hoc, est dirimante en ceci que le retour à l'expéditeur rétablit l'impossibilité première. S'il y a un sujet libre d'opérer une opération de transcendance autonome (autre que celle en laquelle consiste l'effectuation de tout fait logique) le sujet qui l'en investit n'en peut rien savoir.

Ce deuxième sujet est l'agent de l'acte logique, si jamais il se conçoit qu'il puisse y avoir plus d'un fait logique. Cette situation d'au-delà indéterminé, cet état de nullité logique est l'origine du fait logique. Ici, il est requis de constater que le rien et le rien seulement peut être cause.

Comme si le sujet efficient du logique était un mort.

La puissance logique consiste en l'annulation d'un corps, si on entend par corps la matérialité du logique, ou l'idéalité matérielle qui en contient l'accomplissement, matérialité catégorielle indissociable du sujet de cet accomplissement.

L'absolue précarité du sens est sa condition de possibilité. Le terme « corps » catégorise cette précarité de la matérialité noétique. Quelque lecture que l'on fasse de cette notion, il est admissible d'ajouter « ce n'est que ça ». Comme il arrive que l'on dise du corps, ou de la vie, le sens est fondamentalement dépourvu de sens. Que le sens s'accomplisse lorsqu'il n'y a rien se traduit en disant que le fait de sens n'est pas réitérable. Le fétichisme des « supports de sens » durables (voire définitifs) privés ou institutionnels est une des formes de la tentative de ne pas « dériver vers le néant » que la formation du fait de sens requiert. Vu la simultanéité de cette dérive et de la constitution du fait de sens, cette procédure est inutile.

Ainsi la production de faits de sens n'est pas additive. Un peu de sens ne s'ajoute pas à un peu de sens, mais, dans l'anéantissement imminent de tout sens, c'est tout le sens qui peut exister qui se constitue. Et cet anéantissement n'est pas une

« fausse alerte », mais un instrument constant de la possibilité de faire sens.

La fiction d'un univers sans êtres humains (et sans dieux, ni anges, ni esprits, ni extra terrestres) n'exprime somme toute que l'état de choses instrumental, mécanique et constante en lequel la formation d'un fait logique consiste.

Si la question de la détermination initiale et irréductible de la possibilité du sens a une raison d'être, il ne devrait y avoir que commencement uniquement, sans transition à ce qui provient du commencement, en l'annulant. Ainsi le commencement (différent d'un fondement immanent) ne peut être effectif que s'il n'a jamais été autre chose qu'un acte de dépassement irréversible et tout fait logique est cet acte (événement, si on y inclut le sujet) de dépassement immédiat du fondement protocolaire du possible logique. Ce qui pourrait se désigner comme la production de l'esprit, au sens de cette mécanique de l'irréversibilité.

L'esprit est une catégorisation (une appellation) de cette fonctionnalité, qui fait qu'il n'y a pas de sens que lorsque le mode matériel de son accomplissement (ou catégorialité) a abouti, et périmé. Le fait logique est simultanément fabrication du monde et de l'esprit. Et l'entreprise qui consisterait à les séparer l'un de l'autre, et à catégoriser le monde à part de l'esprit serait encore cette production mécanique et instrumentale de ce monde et de cet esprit.

Ce dépassement n'est pas la raison instrumentale d'un nouveau dépassement. Seul une chose formée (au sens d'idéalité matérielle) peut subir ce dépassement, qui consiste en sa propre catégorialité, ou sa transformation locale en fait logique. Ainsi ne peut-il pas y avoir un dépassé constitué et institutionnel, servant à ça, ni un dépassement (une transcendance logique) séparée de ce qui est la raison matérielle et instrumentale de ce dépassement.

Toute chose est de cette sorte l'au-delà de la chose. Le mode d'être de la chose n'est pas seulement une transcendance pour rien. Le fait logique ainsi compris est immédiatement euristique. Que des métaphysiciens projettent de quitter le monde « matériel » dérive du mode ordinaire de formation du sensé. Autrement dit, la production de sens effective consiste toujours à quitter le monde matériel. Que ce fait soit la positionnalité de l'espoir de demeurer en cet au-delà est ce qui doit subir dénégation, par son propre exercice. En toute simplicité, par le besoin de savoir que l'on est au-delà, sans avoir à y parvenir.

Cet au-delà de la chose est le mode d'être immédiat (et premier) de la chose, et il n'y a pas d'autre au-delà. Le travail du dépassement est le mode d'être constant de toute chose logique (ou « chose-sens »).

Malgré l'illusion lexicale le mode d'être des choses est d'avoir à être. Nullement au sens ontologique dont on ne sait rien, mais au sens de ce en quoi consiste le fait d'en savoir quelque chose, ou le fait que quelque chose, quoi que ce soit, est un savoir catégoriellement effectué.

La positionnalité et l'auto dénégation d'un domaine de l'exercice du logique provenant du dépassement de tout est cette condition catégorielle du monde, d'être un au-delà logique. Condition protocolaire, qui n'est rien en dehors de son exercice.

La figure d'un agent de l'acte logique nous montrerait une séquence locale et circulaire d'actions propres de la chose logique (avec sujet) : Confirmation, annulation, indétermination. Que cette indétermination, circonstance instrumentale et protocolaire, puisse se catégoriser par l'image d'un vertige, voire d'un éblouissement, est explicite dans des textes mystiques mais également chez Descartes dans la Méditation Seconde *comme si tout à coup j'étais tombé dans une eau très profonde.* Cette « chute » dans l'indétermination logique correspond à une création du réel, en tant que chose qui était déjà. Mais c'est aussi la positionnalité de l'erreur quant au possible, car cette indétermination du logique contient implicitement la possibilité générale de manifestation d'un autre logique, (divin par exemple) qui s'achève seulement par auto dénégation protocolaire. Quant c'est « autre », c'est le même sauf pendant le temps où cet

« autre » n'est rien. La destruction de l'autre que cet autre, autrement dit du possible logique, serait le seul moyen d'éviter cet auto dénégation. Entreprise qui a été souvent amorcée, et qui est une éventualité permanente. Redoubler l'anéantissement créateur que subit la chose logique pour pouvoir se constituer est également un comportement spéculatif courant et trivial. Il suffit de nier la condition ontologique qui détermine absolument le possible logique (et la vérité protocolaire, celle de tout énoncé dont l'énonciation n'est pas une auto dénégation) à savoir que si on dit de quelque chose (même impossible) « ceci n'est rien », alors elle est quelque chose.

Série 3   Interprétation lacunaire

Treizième Proposition *(série 3 n°1)*

La forme du vide

Tout ce qui peut se penser se produit comme étant ce qui est déjà pensé.

Nul sujet ne peut constater ou narrer quelque chose qui dans le logique précéderait l'acte catégoriel en quoi consiste l'effectuation du sens. Et cependant, l'expérience catégorielle suppose une aptitude du réel au sens, une sorte de « prédétermination » qui vaut précession fonctionnelle.

C'est l'expérience d'un « effet de cliquet » que l'acte même de l'annuler constitue. Aussi en arrière que l'on aille dans le récit de la constitution du sens, on ne trouve jamais que du sens, en raison de cette action régressive elle-même. Si on pouvait parvenir au non sensé (au « simplement réel »), cela deviendrait du sensé en raison du fait que l'on y fût parvenu.

Que le non pensé puisse se penser est aboli par le manque d'un moment où ce non pensé pourrait être quelque chose pour quelqu'un. Qu'une telle chose existe ou non. Mais il est possible d'en parler, toute inexistence ou impossibilité étant et un fait et un acte du domaine du logique. On peut même en parler longtemps, et de remplir toute l'étendue d'une œuvre, ou d'une bibliothèque. L'abolition du non pensée est un acte de pensée.

C'est ainsi que peu importe où et comment on commence de penser, car partout on trouvera du pensé.

L'argumentation cartésienne[91] sur la cause des idées vient à propos, qui statue que le néant ne saurait être cause de quoi que ce soit. Mais cette déchéance ou déconsidération du néant doit être un acte logique, expérimenté, voire subi, et non un précepte défini une fois pour toutes, destiné à aller outre. Sur ce néant, le sujet ne peut rien. Ni sur ce qu'il en advient. C'est ce en quoi consiste l'inaccessibilité catégorielle (ou inconsistance nominale) de la précession jamais passible de lexématisation, ou présence (indescriptible) dans le logique comme un mot qui figure dans un dictionnaire.

Nous subissons la création d'une précession parce que la chose a une forme[92] comme une catégorialité antérieure.

La chose crée la précession, à son image. Elle se manifeste comme le calque de ce qu'elle est « en elle-même, originairement, et en effet ».

L'acte de matérialiser catégoriellement la précession (sans la faire disparaître) est ce en quoi consiste le fait logique.

Ainsi ne « pénètre-t-on » pas dans le logique : ou bien alors (c'est le même), le logique n'a pas d'intérieur[93].

Le mode effectif de constitution du sens (catégorialité, idéalité matérielle) consiste en une précession qui se dit. On ne peut plus dire ce qui se dit, ce qui signifie qu'il n'y a pas de « trans-catégorialité » ou catégorialité de catégorialité, ou de catégorisation du catégorisé. Tout fait de sens est causé localement et actuellement.

L'effectuation du fait logique en détermine l'exclusion. Même le fait catégoriel achevé (occurrence nominale) s'il est lu, est encore une précession qui se lit.

Il n'y a pas de précession de la précession. La précession qui ne se lit pas n'existe pas pour nous[94]. Certitude protocolaire (« technique ») qui est la limite de la possibilité de certitude.

La forme catégorielle[95] de ce qui ne peut pas se catégoriser est le nom, représentation logique de ce qui se nie dans la double négation (ou double impossibilité) : [non (non lu)].

Double négation qui peut encore s'exprimer en disant que nul nom, quand il est, n'est ni inconnu, ni inédit. Même si nul ne l'avait jamais émis. Non émis (de quelque façon que ce soit, même écrit sur le sol par le doigt du Christ) cela n'est rien, même pas quelque chose dont on puisse dire « cela » n'est rien.

Cette inexistence est un fait logique. Ce néant déterminé par ce relativement à quoi il est néant est en position de cause fonctionnelle[96] de la formation effective de ce en quoi le sens consiste (le sensé à quoi le sens se réduit).

En étant cause, ce néant désigné est le mode de catégoriser l'inexistence d'une chose logique première, initiale, cause « isotopique » quant aux faits logiques causés. Inexistence qui comme toute autre chose du logique, doit se catégoriser[97].

La précession logique consiste en l'échec de l'acte nominal destructeur de la précession. Acte auquel toute chose logique convient. Hurlement ou formule mathématique. Un Dieu ou un écheveau de poils. Une chèvre ou une chimère. Sauf s'il n'y a aucun fait logique, le comblement du vide initial est le mode inévitable de la réalité du sens effectué. Quelle que soit la réalité supposée d'un comblement obtenu. L'énonciation est le mode d'existence du mutisme. En ce sens, nous ne disons rien. En ce sens, nous ne pouvons rien taire.

« Voir » le nom (même sous la forme d'une chose, d'une manifestation matérielle, d'un mot écrit, d'une icône, d'une strie sur le mur) est l'actualisation d'un récit implicite, qui narre une occurrence singulière de la séquence d'une double négation de la forme [non (non lu)]. C'est le récit de la révocation du nom. La privation de la paix nominale.

Le sens ne parvient pas jusqu'au nom. Le domaine d'existence du sens, si on devait le localiser, se trouve avant le nom. Comme si la cause du possible logique était l'incapacité du nom à préserver son initialité, à maintenir sa primitivité, ou plus simplement sa nullité spécifique. Comme l'erreur est première, le faux initial, et la vie du logique contradictoire, la tentative de sauver le nom est inévitable et largement susceptible de documentation historique. Tentative de constituer des lexèmes paradoxaux, qui apparaissent sans pouvoir se lire, si on doit les préserver de déni. Dieu, l'être, le logos, la vie, le jour, la mort, l'homme, la nature, et ainsi de suite ad libitum et innombrablement.

Nous ne vivons pas dans le monde mais dans les noms du monde.

La figure du texte en tant qu'effectivité terminale du nom subit les mêmes déterminations protocolaires et privatives que le nom.

Ainsi, « dire », au sens de l'énonciation d'un texte, réduit ou étendu, (de la manifestation objective locale quelconque à l'œuvre spéculative) est, moins qu'un texte, une théorie sur le texte possible. « Dire » est toujours une théorie sur le « dire ». Même dire *passez-moi le sel* (Francis Ponge). Théorie qui n'entraîne aucune conséquence outre ce dire en lequel elle consiste.

Il ne peut pas y avoir un sujet pour statuer valablement que tel fait logique est accompli. Même si cela existe. Ce défaut est constituant. Toute « mémoire du sens » est anticipation constituante.

Penser rien, dire rien, lire rien, ou penser seulement, dire seulement, lire seulement sont des actes exclusifs de narration. Sens, catégorialité, en tant que des sortes d'entités fonctionnelles, se désignent par auto dénégation. La transitivité imaginaire qui ferait dire « penser est penser quelque chose », ou « lire est lire quelque chose » ou « dire est dire quelque chose », ou « le sens est le sens de quelque chose », « la catégorialité est la catégorialité de quelque chose » demande une sorte de balistique imaginaire et exclusive de narration, si le sujet de la narration doit se trouver quelque part dans la séquence narrative. Chose-pensée, chose-dire, chose-lire, chose-sens, chose-catégorialité désigne mieux cette limite et cet empêchement protocolaire. Par raccourci (brutal), on ne peut mentionner une chose qui demeure chose, et toute chose est mention de chose.

Cette circonstance ne consiste pas en un « état de choses » qui se constate, ou qui se rapporte. À aucun moment une « chose sans lecture » ne peut se concevoir, que l'on pourrait transformer, ensuite, et au moyen d'une lecture sans chose (faculté, virtualité ?) en chose-lecture. Cette impossibilité est un événement, une perte protocolaire et de la chose et de la lecture. Comme si la chose-lecture existait déjà, en tant que condition et limite de la possibilité et d'une lecture et d'une manifestation de chose. Comme si tout se passait dans une sorte d'avant-monde et d'avant-sujet. À la place du travail propre du sens effectué, une anticipation constituante achève le processus. L'acte logique est une célébration forcée.

Cette dépossession (créatrice) peut se figurer par une sorte d'icône catégorielle représentant l'auteur primitif du fait logique. Figure d'un sujet à l'origine de l'effet de sens, lecture auto déniante[98] de l'annulation du sujet originaire. Protocolairement possible parce que cette annulation est un acte logique. Quoi qu'on dise du sujet, le sujet qui le dit est mécaniquement exclu, séparé, rejeté à gauche du propos. Même en disant « je pense », si on n'omet pas l'assertion implicite : « je dis que je pense », laquelle produit le rejet du « je » localisé à gauche du propos : « je dis que je pense ».

Le « je » qui est le sujet qui énonce le fait que le sujet qui cause l'énoncé quelconque, même celui qui concerne le sujet (« je ») est lui-même exclu de ce qu'il décrit comme sa propre action, est pareillement « rejeté à gauche » du propos.

Cette condition s'illustre par le destin de l'objet lexical, proche et accessible aussi longtemps que l'énonciation ne le fait pas exister, non pas comme objet lexical, mais comme simple catégorialité qui, aboutie, aurait conduit à la constitution (ou autre forme de détention) du fait lexical, en y épuisant (et une fois pour toutes) sa propre possibilité d'être. Cette réduction lexicale échoue par nécessité protocolaire, autrement dit par l'acte même qui s'y réduirait, et se dirait plus simplement par l'affirmation que toute chose est ce en quoi consiste immédiatement, et originellement, son propre nom[99].

Comme s'il n'y avait pas de temps ni pour le sujet[100], ni pour la matière, et que le sens effectué précédait irréversiblement le sens possible, comme si le sujet logique avait déjà existé au moment où il existe, comme si la matérialité purement matérielle [101]ne parvenait plus à l'être, quand elle était quelque chose, manifeste, non pas en tant que spectacle mais en tant qu'acte logique concernant tout le sens qu'il peut y avoir. Manifestation qui s'arrête à sa propre possibilité d'effectuation de sens, faute d'un sujet apte à la regarder faire et avoir fait. Et c'est à ce peu de chose près (la condition protocolaire, ou le fait que cela doive avoir lieu) que ce sujet est rendu incapable. Ce qui fait dire aussi que penser consiste seulement en le fait que l'on ne peut pas ne pas penser. Même d'un mort, nous sommes dans l'incapacité dire « il ne pense pas ». Le « il » serait de trop.

Désigner un sujet, désigner un fait lexical (catégorialité terminée) en statuant que cela ne peut pas être n'exprime que ce que l'on peut en dire, et nullement ce qui se passe effectivement. Nul n'a « vu » un sujet, nul n'a « vu » un fait lexical, afin de statuer que cela n'est pas. Le fait lexical « corrompu » par le sujet n'est pas ce qui se passe, mais seulement ce que l'on peut en dire. Dire en quoi consiste la réalité catégorielle est un acte qui subit les mêmes déterminations (privatives) que ce qu'il décrit. Malgré les tentatives qui illustrent le désir (légitime) de surmonter cette incapacité. Ou de solliciter un lecteur d'accepter la mystification, car il y trouve son compte. Le jeu qui consiste à transgresser la nécessité logique se joue toujours à deux.

Quel que soit l'acte logique, il détermine une séparation du sujet qui en est la cause, et qui se trouve rejeté en arrière de sa production. Condamnée à une précession produite par l'acte de la dépasser. Cette condition peut se chosifier en sujet permanent, âme ou prophète. Tout puissant (sur-capable) aussi longtemps qu'il ne fait rien. Et que l'on peut baptiser du nom « Moi » (« moi qui doute »).

Ce rejet « vers la gauche »[102] constitue une sorte de transcendance régressive, mais relativement à laquelle il se vérifie qu'il n'y a pas de « transcendance de la transcendance ». Autrement dit, cette expulsion du sujet quant à ce dont il est la condition d'accomplissement (le fait catégoriel quelconque, résistant à la lexicalisation) ne conduit pas à un extérieur du logique, un exil, une déportation se prolongeant de son propre fait. Pas plus qu'à un « intérieur du logique » que sa description dénie, l'extérieur du logique est interdit à celui qui ne peut penser qu'il ne pense pas, même s'il le pense. Le sens est ce bord du sens, et la positionnalité[103] de l'intérieur et de l'extérieur, catégorisables en tant qu'impensables. Le sens crée le sujet, et le sujet n'a pas accès à lui-même. Même s'il avance « je suis une chose qui pense », il sera toujours autre que ce « je » dont il affirme qu'il est une chose qui pense. Car il est requis qu'il y ait quelqu'un pour le dire.

Ainsi ne parvient-on pas au sens, parce qu'il n'existe pas de sujet apte à accomplir ce parcours. Le sens est prématuré, et précédant toute anticipation de son accomplissement. Le commencement est une terminalité qui échoue, déniée par sa propre précession. Comme si cela apparaissait comme ce qui était déjà, et s'étant constitué dans un avant où le sujet a existé sans le savoir. Le réel logique est ainsi une manifestation d'un en- deçà, à l'image des coups frappés par un défunt sur le guéridon du médium. Sinon, il n'y aurait pas de reconnaissance, ni de lecture, ni de déchiffrement. Il n'y aurait rien à savoir. Le sens travaille en coulisse. Nul ne peut demeurer seulement dans le possible.

Le sens est une disparition inaboutie. Sinon (ce qui ne peut pas se penser) il pourrait exister et un sujet et un fait de sens agissant au-delà de la constitution initiale du sens. Caractériser un tel fait consisterait de nouveau en une constitution initiale de sens. Cette claustration dans un acte est tout ce qui peut se décrire (quoi qu'il en soit « de fait ») de l'étendue du possible logique (imaginé selon une figure spatiale, dont la positionnalité est la condition matérielle de la catégorisation. La chose-sens, ou l'idéalité matérielle). L'utilisation du terme « étendue » est autorisée parce qu'un fait de sens se constituant sans monde ne peut pas se penser. Même si cela existe, cela n'existe pas lorsqu'on le dit.[104] Le déni requiert l'affirmation du dénié.

« Étendue » signale la condition matérielle du sens, et le paradoxe qui consiste en ceci que si rien n'est du non sens, qu'est le sens pendant le temps que sa matérialité catégorielle se constitue ? (Le temps que prend par exemple l'acte de voir une chose). Cette double condition manifeste ce que dans le logique est nécessairement du non pensé, obstacle à la réduction, pourtant méthodologiquement requise, à la réalité ponctuelle, locale, immédiate, instantanée du fait de sens. Qu'il y ait chose, qu'il y ait monde, est ce en quoi consiste le non pensable. Ou, ce qui, pour nous, revient au même, le déjà pensé que l'on ne peut plus penser.

Ce récit signifie que nul sujet ne peut attester l'existence ou l'inexistence d'un sujet capable de ne pas penser. En utilisant « penser » comme métaphore de toute manifestation catégorielle, autrement dit de formation du sensé. « Sensé » signifiant quelque chose dont on ne peut pas ne pas savoir, même en se trompant, de quoi il retourne (que cela est, que cela est de telle façon, ce que les catégories aristotéliciennes et toutes les autres prédicats concevables seraient en mesure non pas d'épuiser mais d'illustrer). Cette incapacité ne fonde pas le droit d'avancer « tout sujet pense, ou est pensant, ou je suis une chose qui pense ». Cette transition de négation d'un déni à l'ample affirmation d'un fait nécessaire est protocolairement interdite, car cette affirmation plénière a comme condition constituante (donc inévitable) d'être l'acte de négation d'une dénégation, même si cette partie du travail reste dissimulée ou seulement implicite.

Le fait que l'on ne puisse pas penser un sujet capable de statuer qu'un sujet capable de ne pas penser existe, ou capable d'exister tout en ne pensant pas est une fatalité fondatrice. Cette absence d'un tel sujet est une condition première et constante.

Cette absence est obtenue par un travail catégoriel, même si elle est une nécessité première. Rien n'existe, dans le logique, qui ne soit un travail catégoriel. Que quelque chose soit est le constat impossible, car ce constat, par figure narrative erronée mais utile est ce qui a déjà transformé cette chose en fait de pensée constatée par un sujet qui n'est pas celui supposé intrinsèque à l'opération qui convertit la chose en fait catégoriel. Ce pensé qui ne se pense pas est ce qui doit être pensé.

Autrement dit, tout commence par une formation catégorielle erronée. Ou par l'expérience du Grand Trompeur, origine de toute certitude établie par négation d'une dénégation. Le grand exemple est naturellement le Malin Génie ou le dieu trompeur (cf. Descartes bien entendu), et son échec à nier ce dont la dénégation s'annule de son propre fait. Ce qui décrit rigoureusement le mode ordinaire de formation du fait logique.

Ainsi le sujet du logique est contraint d'être originellement le trompeur qu'il contrecarre.

Ne pas penser ce qui ne peut pas se penser requiert que ce qui ne peut pas se penser soit une réalité logique. Penser consiste en cette négation d'un déni, négation qui requiert le déni comme sa condition pratique de possibilité. Pour utiliser une fiction instrumentale, le sujet requiert un moment où ce qui est pensé (qu'il y ait quelque chose) se constitue dans son dos, et en son absence.

C'est en cette absence que le sujet du logique puise sa possibilité d'être sujet du logique. Non pas à partir d'une fausseté qui se rectifie, mais d'une inexistence qui laisse se former une catégorialité impossible. Qui consiste en l'existence d'un pensé qui ne se pense pas. Et d'un « non pensé » qui va être l'objet d'un acte de pensé, et qui doit exister pendant ce moment de transition, sans que l'on puisse savoir comment[105].

« Penser » consiste en cet acte négatif. Je ne peux pas faire que je ne sois rien, si je pense ou crois penser, même si je me trompe. Et cette incapacité est un acte inévitable.

Cet acte négatif peut consister en sa propre dénégation. La négativité s'accomplirait alors sous forme d'une pensée en marge de la pensée, parallèle, paraphrastique, figurée, déréglée, inspirée, transcendantale, et selon toutes les modalités que l'on peut trouver du rejet de la négation par une dénégation figu-rée[106].

La catégorialité est la réitération d'un parcours vers le sens.

Quatorzième Proposition *(série 3 n°2)*

Fonder la fondation

Le fondement de la possibilité du sens est le manque spécifique et constant d'un fondé premier et irréductible.

Commentaire : *La fondation est interprétée ici selon la lacune qui lui correspond (vide fondateur). Le vide fondateur équivaut à fondation : la lacune fondamentale, lieu de constitution du fondement ; le néant est un lieu. Le fondamental est ancrée à sa propre lacune, n'est jamais constitué, n'est jamais dépassable. Tout ce qui suit de la fondation consiste en cette élaboration locale du cas fondamentale, toujours à reconstruire.*

Le vide qui localise un premier terme irréductible dans l'ordre séquentiel régressif est lui même irréductible.

Le fondamental engendre (en plus) le vide qui doit le précéder.

S'il y a un terme premier et que toute la pensée est la pensée de ce terme, (même la pensée qui tente de consister en la pensée directe, individuelle, unitaire, de ce même terme), c'est donc l'impossibilité expérimentée de penser en amont qui caractérise le mode d'être d'un tel terme, d'une telle butée initiale.

Or, tout événement logique est dépendant. En guise d'illustration, tout est dépendant d'une précession laquelle est le mode d'exister de toute la précession, autrement dit de toute la précession postulable comme un tout. À titre d'illustration, imaginons le lien qui va de l'univers au ciron, ou à quelque chose d'encore plus sublime jusqu'à quelque chose de plus dérisoire. Aussi sublime que l'on voudra, aussi dérisoire que l'on voudra[107]. L'autonomie des termes en position d'initialité et des objets en position de dérivation est contradictoire à cette fonction même et de précession et de dérivation.

Pour qu'un terme fondateur soit, dont toute dérivation est la lecture, son essence est l'impossible précession qu'il instaure, autrement dit le vide logique qui autorise sa validation en tant que fondamental. La métaphore d'un Dieu incréé illustre cette condition. La disparition est l'objet paradoxal qui représente le terme ultime de cette dérivation, dans le sens de l''infime[108].

Un terme premier, désignant un objet fondamental, l'identifie comme créateur de lui-même et du sens effectif. Ce peut être « dieu », mais ce peut être aussi la chose désignée comme « le cogito », l'unique terme fondateur qui se fonde de son propre fait, par nécessité protocolaire[109].

Énoncé, ce terme est un acte constituant, qui postule une précession paradoxale, étant exclusif de précession. Seul en tant que dénégation de son inexistence cet acte est conforme à la postulation d'absence préliminaire, le moment où il n'était pas. Cette lacune est essentielle à la détermination du terme fondateur en tant que fondateur.[110]

Si quelque chose le précède, outre sa propre absence, et quel que soit le nom du terme fondateur, cela entraîne le déni de son effet de fondation. L'absence constitutive du terme fondateur n'a de réalité que protocolaire, sous forme d'énonciation qui constitue elle-même la preuve de la nécessité de l'énoncé. En quelque sorte une tautologie protocolaire.

Que cette tautologie soit un acte sans cause, ou plutôt l'identification explicite d'un acte sans cause, constitue la positionnalité de la lacune préalable et de son mode d'être paradoxal. S'il semble légitime d'exprimer la question « que faisait Dieu, où était Dieu, qu'était Dieu » avant la création qui le transforme en Dieu créateur[111] il en va de même pour la question « où était le fondement de la certitude avant qu'il ne fût d'une manière ou d'une autre constitué catégoriellement » ?

Le paradoxe interne de cette question ne la rend pas moins licite, parce que possible, parce que conçue. Requise pour la caractérisation d'un terme fondamental. Car si cela est quelque chose, sa négativité est absolue.

De plus, c'est tout ce qui peut avoir lieu au delà de cette stipulation fondamentale qui participe de cette négativité absolue. Pour le sens, l'alternative est le tout ou rien.

Dans les faits (simplement narrables, compatibles avec l'énonciation dont ils sont le contenu) ceci signifie que ce qui est est en le disant. Comme l'annulation protocolaire de leur nullité. Car, ou bien la question du terme fondamental de la pensée possible est dépourvue de raison, ce qui n'est pas à exclure, ou bien son énonciation entraîne que la question portant sur quelque chose come un terme fondamental est concevable, ce qui annule la nullité de ce questionnement. Ce terme fondamental est, au moins, ce que l'on pense comme tel, que cela soit ou non.

Cette condition restrictive autorise à mentionner un « champ » ou « domaine » du sens effectif, non pas par opposition à un autre « champ noétique » qui serait l'absence de sens, ou sa réalité d'un sens autre que celui dont nous pouvons avoir connaissance, mais relativement à la nullité de tout autre champ, durant le temps que ce champ du sens dont nous savons quelque chose est réel, cette réalité étant protocolaire, et limité à la compatibilité de l'énoncé et de l'acte d'énonciation.

Ce champ est immanent à l'acte d'énonciation fondamental[112]. Autrement dit la lacune fondatrice ne se laisse pas combler par n'importe quoi. Ou encore, quoi que je dise je fais avant tout acte de fondation. « Bonjour » ou « passez-moi la moutarde » ce sont des variations de l'acte logique fondateur, à savoir « je dis que je pense » [113].

La figure du champ du possible logique est fixe et initiale. Pour faire image, le logique croît en son vide et exclusivement en son vide.

Et ce vide doit-il être produit, même si son existence est nécessaire. Le nécessaire étant un travail, même si on ne peut pas ne pas l'exécuter, ni en exécuter un autre. Sauf à n'être rien, ou, ce qui revient au même, être un autre sujet que le sujet possible de l'acte d'effectuation du sens possible.

Ce terme fondamental ne peut pas être moins qu'un champ déterminé d'effectuation du sens, irréductible à une chose (serait-ce un « je », un « être », un « dieu ») mais un domaine protocolaire ou pour le faire bref, une action locale inanalysable. Chaque distinction établie dans la multiplicité interne de cet acte logique créateur de ce qui fonde tout acte logique étant elle-même un champ protocolaire complet[114].

Fonder exclut non pas le néant logique, mais l'autre champ[115], indéterminable, indescriptible, que cette démarcation fondamentale fait supposer.

Cette exclusion est donc illimitée.

C'est la positionnalité du rejet méthodique des énoncés non fondés, initié par Descartes. Résolution de quelqu'un, mais résolution dont la possibilité est indissociable du mode d'existence réelle du possible logique, relativement auquel la résolution de douter est une redite et une assomption.[116]

Mais la réduction au nécessaire s'arrête à la butée protocolaire. L'acte d'annulation résiste à l'annulation et constitue sa limite. Cette nullité impossible est une entité logique, une occurrence, et un acte. La lacune que sous-tend l'acte logique est un travail.

Si on désignait l'acte logique par le terme « penser », l'acte irréductible serait « penser penser », et le premier « penser » n'existe qu'en cette transitivité irréductible et irréversible. La lacune où « penser » pourrait apparaître n'existe pas sans un travail catégoriel positif. Par figure, « on n'y va pas ». Et la recherche infinie d'une raison de la raison de la raison (…), est une des manières dont cette inaccessibilité existe logiquement.

La possibilité instrumentale de ce renvoi à l'infini en arrière (ou à gauche) du fait de pensé non dérivé et duquel tous les autres dérivent consiste en ceci que ce « rien » avant, implicite dans la définition même du terme fondamental, est une réalité logique, une fonction, un acte, une sorte d'opérateur primaire.

Autrement dit, cette lacune n'a d'existence que protocolaire. Elle existe dans l'échec de l'acte même de la combler. Et cet acte n'est pas différent du fait que quelque chose soit. Qu'il puisse en être autrement, nul n'en peut rien savoir, et si ce n'est pas le cas, nul ne peut le faire savoir.

Le fondamental est cette condition protocolaire, qui consiste en ce que toute catégorialité est comblement de la lacune absolue relative à sa non existence, et la recréation de cette lacune en deçà de sa réalisation.

Le terme fondamental quelconque (mais nous savons que le terme fondamental est ce en quoi consiste le fait de, nécessairement[117], ne pas penser que je ne pense pas, en le pensant, en résumé le « cogito ») requiert par définition qu'il n'y ait rien avant. Et en ce sens le fait logique quelconque est protocolairement fondamental. Même se racler la gorge.[118] Et le terme-icône qui représente pour un autre texte la fondamentalité de toute catégorisation, être, logos, parmi les plus prestigieux, résume la catégorisation de cette condition lacunaire fondatrice que tout fait logique suppose.

Car il est de fait que peut-être se pourrait-il faire, si je cessais de penser, que je cesserais en même temps d'être ou d'exister. Et bien entendu de penser n'importe quoi, ou que n'importe quel fait catégoriel ait lieu. Car il est très certain qu'il me semble que je vois, que j'ouïs, et que je m'échauffe, et c'est proprement ce qui en moi s'appelle sentir, et cela pris ainsi précisément, n'est rien autre chose que penser. Ce qui est essentiel dans le fait fondateur est qu'il ne puisse rien avoir avant lui. Plus précisément, que, avant lui, ce « rien » soit.

La successivité et un effet local, car rien ne précède rien, sauf ce rien qui s'achève en quelque chose qui est. Ce qu'indique le terme de « non suspension », sauf celle, absolue, qui ne se pense pas et dont nul ne saura rien.

Cette annulation du « nul sens » de ce qui en déterminerait la fin est un acte restrictif, dirimant, destructeur, ou encore la contrainte que subit le fait logique, à être intrinsèquement créateur, et continuellement destructif quant à sa propre terminalité[119].

Même le terme fondateur protocolairement nécessaire, le « je pense », ne peut pas apparaître, se présenter, sans être quelque chose qui se pense. Et il serait plus juste de dire « je pense la chose suivante : *je pense que je suis* ». Cette réflexivité est irréductible. Penser est penser explicitement ce qui se pense. Le « je » de l'expression « je pense je suis » doit être lui-même déjà pensé, doit être déjà le « quelque chose qui se pense ».

Penser un terme fondateur pour aller au delà, ou travailler dans l'impossibilité de penser le terme fondateur, identifié toutefois, (Dieu, Être, Logos), requiert que ce terme fondateur puisse être pensé une fois, pour pouvoir ensuite ne pas être pensé, tout en étant cependant, et en tant que réalité catégorielle (moins précisément, conceptuelle, noétique, etc.). Dieu sait pour qui. Même si par hypothèse, dont l'illustration est malaisée, on trouvait et caractérisait un fait catégoriel (« noétique » mais matérialisé ce qu'exprime le terme *idéalité matérielle*) tel que rien ne se pense sans que cela ne soit pensé tout d'abord, son accomplissement effectif consisterait déjà en ce même acte d'exclusion qui atteint tout fait catégoriel effectif.

La tentative d'objectiver ce moment d'exclusion, qui est comme un acte, autrement dit d'observer le « rien » que l'on suppose avant la pensée fondamentale, c'est le transformer en support de constitution de ce même rien, et le processus est interminablement renouvelable.

L'énoncé de l'acte noétique fondateur est la tentative de s'approprier conceptuellement ce « rien », qui justement n'est même pas rien, s'il est quelque chose.

Autant la fondation est une dimension constante de l'acte logique, autant le terme fondateur n'est pas exempt de fondation, autrement dit de justification par le rien qui le conditionne et par figure linéaire, précède.

Suspendre cette fonction négative afin d'insérer en cette suspension (ou impuissance logique radicale) un sujet apte à identifier le fondement de ce qu'il peut penser, c'est inverser la place respective de ce « rien », et de ce dont il constitue l'exclusion. Benoîtement, sans quelque chose, le « rien » n'est pas.

Mais cette condition est absolue. Le « rien » qui se dit n'est pas le rien, celui-ci étant le rien <u>de ce</u> qui se dit, quand cela se dit.

Une exclusion est requise en tant que positionnalité de la lacune constante, constante autant de temps qu'il y a du sens effectué. Se constituer sujet en cette circonstance, pour ensuite la quitter, et agir, la rétablit nécessairement, à moins qu'un tel sujet ne pense rien, ne dise rien, ne sache rien, ou, ce qui est synonyme, qu'il sache sans limite, pense sans limite, dise sans limite, ce qui de toutes les manières annule l'opération.

Et cependant, cette impossibilité doit advenir, à chaque fois (si on pouvait parler d'une fois, au sujet du fait logique) et son exclusion ne dérive pas d'un précepte préalablement émis. Cela doit se subir. Le sujet du logique est une Passion productive[120], ou une incapacité créatrice au choix.

Ce désir logique ne peut pas s'abolir. Ce sujet noétique qui n'existe qu'en son acte, existe cependant, et cette circonstance est ce qui engendre (en en étant la positionnalité) la figure du dieu logique (relatif au sens) en tant que reste inévitable de l'acte d'effectuation du sens, relatif toujours à la lacune précédente qu'il détermine comme sa propre lacune.

La virtualité n'est mentionnable qu'à son extinction. La catégorialité effective représente (et ne peut pas ne pas représenter) l'extinction d'une virtualité. Ce qui se dit également : il n'est de virtualité que de l'accompli, et que même la virtualité est un accomplissement catégoriel.

Tout ce qui a lieu dans l'accomplissement effectif du logique est la virtualité immédiate (la plus immédiate). Qu'il est impossible de s'approprier, quel que soit le moyen mis en œuvre dans ce but. Même les livres sacrés, qui devraient être des accomplissements terminés, ne sont qu'une virtualité inépuisable de commentaire[121]. Les autres également. Dans ce domaine, on ne verra jamais l'accompli. Même s'il est inscrit en lettres de pierre sur un quelconque fronton sacré. Même à Delphes.

La successivité est cette circonstance locale. Rien ne précède un fait logique, outre sa propre virtualité, dont il détermine l'exclusion. En fait de succession possible il n'existe que l'irréversibilité. Et cela est réel en existant, c'est-à-dire, dans un travail de catégorialité, ou encore, en mode protocolaire. Une formule résume cette circonstance « en permanence, ce qui était encore réversible ne l'est plus, en raison du fait que cela existe ».

Ce qui a lieu se manifeste comme étant ce qui manquait. Même ce qu'aucun manque n'a précédé, ce qui se dit dans l'énoncé d'une condition de possibilité fondamentale et pour tout le logique. Ou n'importe quoi, décrit comme ce fondement actif et premier. Que je pense, par exemple, est sans prédécesseur, ni manque spécifique précédent. Car par description, cela est ce qui n'a jamais manqué à toute pensée qui a quelque réalité.

Qui ne s'ensuit pas de lui-même. Indéduit, incausé, provenant de rien, c'est-à-dire ne provenant d'aucun néant spécifié, mais de tout le néant logique qui peut se concevoir. La pure précession indéterminée relativement à laquelle l'histoire (ou le décours) de l'effectivité logique est sa transformation en manque spécifique du fait logique déterminé. Le virtuel n'est pas un manque, car sa simple « possibilité », hypothétique, sa désignation en tant que ce qui manque est déjà son existence dans le champ : son « ajout » ne change rien par conséquent au champ où, de fait, il est déjà.

Si quelque fait logique peut être réel en étant une représentation catégorielle de sa simple possibilité, le réel logique est toujours représentation de sa possibilité. Si on souhaitait nommer cette clause, on parlerait de réalisme hypothétique. Sauf si le manque dans ce domaine était épuisable, ce qui nous permettrait de passer à autre chose. La toute clarté et distinction propre à l'esprit des morts, dans l'au-delà ?

Tout ce qui apparaît le fait obligatoirement comme ayant pu ne pas exister. Ce truisme, non dénié, non déniable, est cependant la positionnalité de la liberté logique[122], qu'il est requis d'aller relire dans la Méditations Métaphysiques, comme tout le reste. Et pour l'abolir, il faut opérer effectivement son annulation, ce qui d'ailleurs le rétablit. Le salut logique repose sur des truismes. La recréation permanente du sens, que ce truisme décrit, est une opération triviale. Forcément répétitive, sauf si du sens effectué pouvait demeurer, sans subir un acte d'abolition qui constitue de nouveau le fait de sens effectué, jamais le même, jamais autre que celui en quoi consiste la disparition de l'effectivité logique qui lui correspond exactement (qui lui est spécifique). Marcher le nez en l'air et écrire un livre c'est la même opération. C'est ce qui résulte du travail d'annulation conditionnant l'existence du premier fait du logique. Un fait quelconque. Dire « cogito, sum », ou se gratter le nez[123].

Le fait catégoriel (ou l'acte logique) est le mode d'existence de cette précession lacunaire. Sa réitération par voie de transgression qui échoue. Car si cette lacunarité disparaissait dans le fait logique, il n'y aurait pas de fait logique subséquent, et il n'y aurait pas eu de fait logique du tout. L'instantanéité du sens, si cela existe, doit encore être sue, d'une manière ou d'une autre. Le sens que nul ne sait, que cela existe ou non, n'est pas l'affaire de l'humain. Or, que de telles choses ne se pensent pas se pense multiplement. Dans le grand cirque de la transcendance le répertoire est innombrable[124].

Par exemple, l'acte de pensée fondateur que l'on ne pense qu'une fois, pour pouvoir penser ensuite toute chose et n'importe quelle chose, voire quelque chose que l'on délibérerait d'aller penser.

Mais cette opération propre du terme fondateur, et toute la bonne série complète du possible logique qui s'ensuit est toujours répétition, même la première fois, à partir du travail propre de ce moment lacunaire, car en l'accomplissant on entreprend immédiatement d'en sortir, pour aller outre. Même si c'est vers le même fait fondamental que l'on va.

À imaginer qu'on le dépasse, et que l'on parvienne ainsi dans un domaine de l'exercice logique (accomplissement matériel et protocolaire du sens) exempt de condition initiale constituante (fondement opératoire) cet exercice même devrait comporter sa propre lacunarité, son propre manque déterminé et spécifique, rétrospection (voire implicite) qui en ferait une réitération du premier pas du possible. Et ce dépassement serait alors auto déniant.

Ce parcours par un conte sert à expérimenter le fait que la fondation est strictement opératoire, et que le lien du terme fondateur au terme fondé est une relation non pas de conséquence mais d'analogie. Ce qui peut se lire chez Descartes dans la transition de la certitude protocolaire (je pense) au critère analogique : ce qui se conçoit clairement et distinctement. Toute idée étant de ce fait une réitération de l'opération fondatrice. Que ce qui est soit, au lieu de ne pas être, est ce qui devient indéniable lors de l'effectuation du sens possible. Autrement dit, la fondation est radicale, et relève de la condition ontologique qui s'exprime en disant « de quoi que ce soit, on ne dira pas : ceci n'est pas ». Le « cogito » transpose irréversiblement la raison ontologique en raison logique, lisible sous la forme rudimentaire suivante « je ne pense pas que je ne pense pas si je pense que je ne pense pas ». La non dénégation, régie par une nécessité purement protocolaire, se catégorise comme existence inévitable (en cours d'opération seulement) du sujet. Le sens qui ne s'accomplit pas selon ces conditions c'est la pensée des dieux et des morts, qu'il est loisible d'imaginer, et même de représenter, voire d'incarner.

La description de l'accident fondateur est bien entendu un montage rétrospectif, le fait lui-même étant séquentiellement indescriptible. On ne partira pas d'un « zéro » logique, qui ne serait un zéro logique que relativement à son exclusion, à sa résolution en chose logique, pour ensuite « faire apparaître » une chose, et déduire que cette chose consiste en la résolution de l'alternative absolue « que cela soit, ou que cela ne soit rien ». Mais le simple fait de pouvoir mentionner cette incapacité logique nous permet d'en fournir la description, et oblige à considérer que cette incapacité est l'échec protocolaire d'une impossibilité mise en œuvre, et c'est ainsi et ainsi seulement que l'impossible logique est réel. Ainsi n'y a-t-il pas un fait logique qui ne se constitue comme opération fondatrice, et qui de ce fait soit autre chose qu'une réitération, autrement dit une reconstruction réflexive. La réflexivité est première et immédiate.

Mais cette répétition, opération propre du terme fondateur, est toujours une pseudo-répétition. Et seul l'exclusion du terme fondateur préalablement existant (exclusion originaire, mais qui fonctionnera toujours comme exclusion a posteriori de la seconde occurrence de ce terme fondateur, déjà exclu mais réitéré pour l'être sur le mode de l'après-coup) constitue le commencement logique de l'accomplissement textuel du logique. Cette exclusion est requise, et consiste déjà en l'incapacité à nommer ce terme fondamental. Être, Logos, Chose qui pense, Monde, Dieu peut-être, ce dérapage terminologique est l'acte par lequel le terme fondamental agît, en s'excluant. Il est donc requis de commencer par l'erreur.

Un schéma descriptif (et anecdotique) rendra plus aisée la lecture de ce passage.

Soit un terme fondateur T, et sa lacune propre L

L consiste en l'exclusion originaire de T et comme tel son effet ne peut pas apparaître, pas plus que T.

On formera alors un T' qui peut être « morphologiquement » (lexicalement) réplique parfaite de T, et on fait subir l'effet d'exclusion par L à un moment qui sera ultérieur par rapport à la formation de T'. On y gagne la possibilité technique de prolonger la durée de T' avant que son exclusion n'intervienne (on joue à coup sûr, car cette exclusion est déjà un acquis logique au départ de toute cette procédure).

Ce qui nous procure une sorte de droit de contemplation (qui peut s'exprimer par la recherche de médiations entre le principiel et le phénoménal, autrement dit, de stratégies destinées à « venir au fait ») et du terme fondateur et de l'accident d'exclusion du terme fondateur.

L'exclusion primitive du terme fondateur quelconque (entendu comme « objet x ») ne se distingue pas de la position de ce terme (poser est exclure) et le supplante en sa fonction dans la constitution de la série du possible, fonction qui peut se caractériser comme un équivalent de fondation. L'ouverture au trans-principiel est immédiate et se confond avec la formation catégorielle identifiée comme terme fondateur.

Il semblerait, selon la lecture qu'on en fait, qu'il en va ainsi pour la position du « je » dans la stipulation « je pense je suis ».

Ce « je » aussitôt se développe comme une série catégorielle, ou une série du possible catégoriel. Car le « je » qui dit « je pense je suis » en découle immédiatement, et le « je » qui dit : « je pense que le ' je' pense donc est ou existe » Et ainsi de suite interminablement, par la production vers l'amont, locale et immédiate du « je » le plus à gauche.

Quant au terme « pense » en ce « je pense », cela ouvre immédiatement à la série du possible trans-principiel, car « je pense quelque chose », par exemple, « que je pense », que de ce « je » quelque chose peut se dire, et ainsi de suite interminablement. Il en va de même pour le terme « suis » de l'expression « je suis », qui n'a à aucun moment d'existence propre, ce qui rend superflue la recherche de la transition entre ce « suis » et le « la chose que je suis ». Car « être » est immédiatement (et irréversiblement) être une chose quelconque.

La fondation de fait ne serait invalidable, afin d'ouvrir la quête de la véritable fondation fondée en nécessité et relativement à son absence, qu'en fonction de l'achèvement de toute la série des séries du possible.

Créer l'absence de fondation est contradictoire par rapport à l'acte même en lequel cette création consiste.

Et même en obtenant d'épuiser, en mode dénégatif, ce produit de la fondation de fait, on n'en obtiendrait en fin de compte qu'une série du possible semblable aux autres, (en tant que réalité catégorielle, même si de l'énoncer on en dénie la possibilité positionnelle) en ce qui concerne sa fondation de fait.

La faculté de fonder propre au vide logique immédiatement produit par tout fait de sens, relativement à sa propre effectuation, même infime (juste non nulle) est inépuisable.

De cette façon, la fonction fondation ne sert pas de soutient à une distinction entre son existence et son inexistence, entre sa validité parce qu'elle existe et sa validité tout-court.

Autrement dit, ce qui est, est (au moins) effectivité de l'acte de fondation. Par la mécanique de l'actualisation constante, déterminée par la condition protocolaire qu'institue la position cartésienne, lisible en ces termes, je ne ne pense pas que je ne pense pas, moi.

L'effet de fondation est donc l'accomplissement de la condition ontologique : ce qui est, est du fait que cela est, et la certitude est l'indéniabilité de ce fait, lorsqu'il a lieu et seulement alors.

Ainsi n'y a-t-il pas de production de logique (effectuation de la possibilité du sens) qui ne soit constat de la contrainte ontologique déjà exercée. La ténacité de ce néant logique que nous vivons lors de son annulation est active même si on le pose en tant que réalisation catégorielle.

Ce néant lui-même, catégorisé, est une effectuation actuelle du possible logique, qui vient résoudre la persistance de ce néant, descriptible par le constat trivial que, dans le domaine de l'effectuation du sens, ce qui ne se fait pas n'est rien, et que toujours quelque chose se fait.

De cette façon si on pouvait accomplir une première effectuation du possible logique, cela ne vaudrait pas plus que sa répétition (en valeur d'initialité, de primitivité, de priorité, d'apodicticité) et aurait ainsi un statut de « répétition première », comme toute production consistant en une effectuation du possible logique.

Seul cette condition protocolaire autorise la mise en place d'un ordre et d'une méthode, qu'elle rend possible et impérative.

Que seulement « rien » précède quelque chose dans cet ordre du possible où rien ne se précède n'est nullement l'affirmation de l'existence d'une « production primitive ».

Ce qui s'accomplit dans l'ordre de l'effectivité actuelle du sens est, instrumentalement, bien autre chose que le phénomène supposé investi de cette « primitivité » (si on le prend au sens logique, s'il y a retour une fois, tout est retour).

Autrement dit, du fait de cette pseudo répétition (ou répétition par rapport à laquelle le répété[125] est exclusif de catégorisation, et pour le dire brièvement, n'existe pas), la séquentialité virtuellement déclenchée par un terme fondateur (source de multiples séries de la formation textuelle du possible logique) est remplacée par ce même processus de fondation itérative, duquel, mais ceci n'est pas décisif pour notre propos, une autre séquentialité s'ensuit.

Si ce retour est constant, la réalité de ce qui fait retour, comme cela existe en dehors de cet épisode est exclusive de catégorialité (« nous n'en savons rien »). Mais cette exclusion est connue et agie. Même Descartes, quant au lieu d'où il pense : « je pense » n'en peut rien savoir.

C'est le protocole de l'exclusion que tout sujet subit par rapport au sens « tel qu'il est ». Et cette exclusion est le travail du sujet « catégorisant » [126].

Le mode d'existence de cette exclusion est un travail de retour au point d'exclusion, et consiste en l'annulation de la « micro-séquence » [127] qui nous ferait en sortir. Processus localisé dans la métamorphose du « rien logique » qu'atteste l'accomplissement catégoriel quelconque, et qui ne peut pas durer seulement, et persévérer seulement (ce qui est une circonstance triviale, bien loin du miracle fondateur). La pensée est subséquente à son propre néant et il y a un lieu vide[128].

N'importe quelle position (positionnalité accomplie) qui a été ou possible ou impossible mais qui est non nulle[129]dans l'ordre du travail logique est prise dans l'ordre de ce processus, qui comporte une requête de terme fondateur. Une telle requête ne consiste pas en une anticipation de ce qui est requis. La requête provient de l'accomplissement, en ce sens qu'un accomplissement de cet ordre ne dure pas de soi, ne se prolonge pas en une linéarité neutre.

Ce qui est fait est à faire, ce n'est que cela qui est à faire et si c'est fait c'est autre chose que ce qui était à faire, et que ce qui est alors à faire. Si on ne le fait pas (et ne pas le faire est un des travaux en quoi consiste l'acte de le faire, ou alors, rien.), si on trouve un terme fondateur absolument continu (il en existe des figures, des représentations, des termes iconiques) on aura tourné la page en cessant du même coup (et même juste avant) d'exister en tant que sujet[130] du logique. Exclusion du sujet par rapport au « fait de sens tel qu'il est », en raison de sa propre existence. Exclusion première, qui constitue une sorte de fonction vide, et une « capture » de l'acte de sens par cette fonction logique vide.

Le pas qui conduit à poser (catégoriser, faire être) ce terme d'exclusion, équivalent de vide logique (mais vide qui ne se comble pas, car il est le vide spécifique, aussi, des formations logiques appelées à le combler) n'est pas non plus une action régressive, simple mouvement linéaire (discursif, déductif, etc.), parcours neutre sur un constitué, vers ce qui résiste à toute régression.

Par image, il n'y a pas de parcours (même annulant) sur le terrain du logique ; il s'agît d'un processus local d'instauration. On pourrait dire que le sujet naît en même temps que son effet supposé, tel qu'on pourrait le dire du moins dans un récit progressif (pouvant consister en un récit de régression vers l'irréductible, l'infranchissable dans la quête de régression) allant d'un terme à un terme, nul ou positif.

On ne part pas pour se perdre dans une construction discursive, linéaire, progressive, serait-elle soutenue par des carrefours expérimentaux ou relais logistiques disposés sur son parcours. Il est une opiniâtreté du vide requis comme condition absolue pour qu'un fait fondateur persiste dans sa fonction. Ce vide constitue un monde illimité du sens sans autre contenu que l'accident qui y met fin (dire « cogito-sum » par exemple). C'est le protocole qui transforme le rien en objet sensé. Faute de quoi, il n'y aurait pas de « rien », et il n'aurait pas de commencement de la pensée. Le seul mode de pénétrer en ce domaine du nul contenu se réduit à l'énonciation du fait fondamental identifié comme tel. Mais les subterfuges sont innombrables qui nous promettent d'y accéder sans payer le prix que cet accès requiert. Dont celui qui consiste à forger des termes fondamentaux, exempts de protocole constitutif, donnés ou imposés d'ailleurs, des « méta fondateurs », comme ceux, biens connus, de Dieu et de l'Être. Dont la validité (la positionnalité réelle) ne consiste qu'en cette connexion immédiate au néant pour laquelle ils ont été constitués.

Le vide noétique intrinsèque à l'établissement (catégoriel) d'un fait fondamental conditionnant la possibilité de la pensée (et possible et réel, dans ce domaine, ne peuvent pas se discerner) ne se comble pas, ne demeure pas en état de vacuité, et il ne se trouve à aucun moment en état de vacuité.

137

Il ne peut donc pas y avoir de productivité immédiate de la fondation.

Ce point de départ a ceci de particulier qu'il met à nu le lien entre l'accomplissement du fait logique et cette nullité logique, comme à un lieu qui le redouble, comme sa colonie majeure[131], l'apparence constituée du champ du logique, ou, par figure, de la « pensée ». Ce désert conceptuel annonce (et en constitue la positionnalité, ou « préfiguration ») tout le « autre logique que le logique » qui peut se conceptualiser effectivement. Et qu'illustre la description du dieu noétique, du dieu épistémique, parmi d'autres outils de l'inconçu que nous utilisons sans retenue.

Si l'identification d'un fait de sens fondamental, condition de la réalité (donc la validité) de tout autre ressemble à un réveil, la nuit fondatrice en fait partie. C'est la descriptibilité de cette effectivité du sens qui serait en dehors du sens tel qu'il a lieu, pour nous, autrement dit dans l'acte catégoriel. Le domaine où l'on pourra pourrait « aller ensuite », et à partir d'ici, ne se constitue qu'en raison du fait que le travail logique va demeurer ici où son absence le conduisit. Au prix du rejet fondateur, rejet de son manque, dont le mode de production (production est ici synonyme de position) est l'exclusion du terme fondateur vrai (série complète, c'est-à-dire convenant à une série complète du possible logique) au profit de sa perpétuelle incarnation[132]. Le fondamental est redevable d'un néant.

Ce prix en néant doit être payé. Autrement dit ce défaut de fondation dont le « constat » (on peut dire plutôt : l'opération, le travail etc.) fonde la possibilité de séries du possible (à partir de la possibilité de chacune « à la fois » chacune étant indissolublement liée à l'accomplissement du fait fondateur) ne s'apprend pas une fois pour toutes : quoiqu'on en sache, il se répète. Malgré (et par le moyen de) les travaux d'oubli et de méconnaissance qui nous autorisent à aller plus loin que le principe, et passer par exemple à la vraie science, ou aux applications pratiques (religieuses, politiques, morales, esthétiques, historiques etc.) de la possibilité de penser.

A ce sujet on peut énoncer trois propositions

1-   Le possible[133] n'est pas déductible[134], aussi catégorisable soit-il

2-   Ceci constitue un des ancrages effectifs, techniques, pragmatiques, protocolaires de la raison ontologique en la raison logique entendue comme raison privative de la catégorisation du possible logique.

3-   Tout se passe comme s'il y avait « deux lieux » du travail logique (le terme et le lieu de son déclin) qui s'illustreraient par l'opposition entre nomination et prédication.

La prédication dès le nom étant, dans l'ordre des termes ontologiques, traduisible par l'imputation implicite de l'attribut « actuel » à tout support du prédicat « est » y compris l'objet désignable comme « tout[135] ce qui n'est pas sans être » dedans et en dehors de cette désignation même.

Périphrase pour l'impossible désignation « directe » : « l'Être », et qui prouve - au plus - que le lien ontologique ne se défait pas dans le langage, même celui qui se propose de le dissoudre, d'une manière ou d'une autre. Tout ce qui se dit (au sens large ; tout ce qui a réalité catégorielle) est tout d'abord une assertion d'être définie. La catégorisation étant ainsi le mode d'être d'une idéalité matérielle, d'une chose-catégorisation, on pourrait dire l'Être si on ne disait rien, et si on n'avait jamais rien dit. Acte d'annulation qui peut parfaitement se simuler.

Par image, la source (vide) s'active du seul déclin de ce qui en est issu, pour ce qui concerne la position de termes fondamentaux. Ceci dans le contexte d'une série du possible qui se réalise toujours ou comme texte ou « autour » du texte en tant que modèle. Ce qui ne signifie pas que le texte « proprement dit » servant de modèle et de repère à des formations « para textuelles » comme le schéma, l'enchaînement de calculs d'une démonstration mathématique etc. soit, lui, réalisable « en personne » ni non plus que l'on puisse s'en affranchir.

On voit donc en même temps quelle est l'opération et le prix en travail logique du fait d'avoir commencé, dans l'ordre du logique[136].

Avec un thème de continuité de ce travail : la compatibilité extrême entre le donné au sens de terme fondateur absolu pour une série du possible, et la carence de fondation que son déclin détermine ; carence qui se vit comme une requête voire comme un désir. D'autre part, sur un plan marginal, il y a transformation de ce donné en celui qui fonde toute la série du possible. Le « donné » (par exemple « je pense ») ne se conserve pas. Ne se possède pas. C'est un objet fondé. Le « je pense » est la chose qui se pense, même si cette chose est l'acte de penser, ou le sujet qui pense. Mais on ne peut pas régresser en deçà de cet excès, et de ce mode de perte du fait fondamental. « Perte » en ce sens que, existant, il a déjà fondé. Sa transitivité est irréductible, par définition du fait fondateur.

Ce sont là les directions et le risque d'un travail logique qui doit en même temps peiner sur place sans profit autre que sa propre effectivité, sans récompense autre que sa propre non annulation.

Risque, car on ne fonde, finalement, que l'univocité totale qui est en même temps la réalité extrême de l'intelligible et son annulation radicale. La fondation comporte un défaut essentiel. Sinon, elle ne serait plus à accomplir, et ne serait donc plus fondation.

L'équivocité, ici, n'est pas d'agrément, n'est pas esthétique ou stylistique, elle est fonctionnelle. Ni « instrumentale » ni stratégique, elle est imposée par les faits : autrement dit elle est la permanente réalité logique du logique[137]. Et la créativité à laquelle cela est soumis.

Sans même qu'on ait le loisir de manquer d'équivocité[138] : car si un discours peut se postuler concernant (sous forme de désignation ou de constat ou d'acte logique minime quelconque) cette précession logique en quoi consiste le déclin du fondement de fait vers son propre vide précédent, c'est déjà comme si ce discours existait avant toute chose.

En passant, faisons remarquer que si ce travail se fait sans profit et sans récompense, cette restriction ne vaut que pour ce travail lui-même : qui est sans profit et sans récompense, (ou alors il s'arrête) ; mais nullement sans profit « par la marge » et « pour les autres qui pourront en profiter ». En tant que lecture, à quoi tout se réduit.

Autrement dit, cette incapacité de passer outre laisse trace, utilisable. Cette circonstance peut d'ailleurs dégénérer en création du disciple, par exemple le « je » qui lit le propos « je suis », et qui est le seul « je » qui existe à ce moment là, sauf s'il le dit[139].

Quinzième proposition *(série 3 n°3)*

L'art d'annuler

La totalité du réel logique est suspendue par la constitution du fait logique occurrent.

On peut statuer qu'il y a séquence dans la production du fait logique. S'il peut être question d'une multiplicité, d'une diversité du fait logique[140], sans que l'on doive admettre en même temps que cette postulation est le résultat d'une inspection extérieure, capable de comparer le même au divers, sans que cette « inspection » ne soit une diversification, une péremption immédiate du même. Non pas en étant une sorte de cause agissant sur un « même », un « non différent » pour lui faire subir une altération, mais en tant que ce en quoi consiste cette altération. L'inspection du sujet est une façon de catégoriser le fait que la chose logique est ce qui se montre.

On peut statuer que la séquence de la production du fait logique n'est pas un fait logique, même si elle se désigne. À condition que cet acte[141] soit logiquement compatible avec son effectuation.

L'actualité de cette séquentialité différente de ce qui aurait pu apparaître comme une vue rétrospective (relativement à laquelle la question de la production locale et actuelle se

143

poserait encore) ne peut être ni le fait 'n', ni le fait 'n+1', ni l'inconcevable intervalle qui mènerait de l'un à l'autre (comme une cause distante, un effet balistique, un miracle) mais le destin de cet intervalle dans la création du fait 'n+1', création qui correspond strictement à la péremption effectuée du fait 'n'. La distinction entre ces deux états de chose est possible en raison du fait qu'il y a un unique état de chose, la péremption étant constitutive du périmé.

Il est hors de portée de l'acte de sens d'observer le périmé tel qu'il était avant sa péremption et de dépasser la péremption pour inspecter ce à quoi le périmé a fait place. Plus simplement dit (et moins bien) il est hors de portée de l'acte de sens de « regarder » un fait logique constitué (cailloux ou phrase d'Aristote) comme de « regarder » la réalité objective d'une idée[142].

Le réel, dans ce mode d'accomplissement du logique (ou sens matériellement effectué) est cet acte de péremption, lequel requiert que l'objet qui périme soit quelque chose, l'attribution exprimée en disant « l'objet qui périme » étant irréversible. Cette irréversibilité s'expérimente, est un acte catégoriel, est un fait de sens. C'est l'acte logique continuellement constitutif sinon de l'existence d'un sujet du logique, de la possibilité contraignante d'en catégoriser l'existence, quoi que ce soit ce qui se catégorise.

Cet acte de péremption n'est évitable qui si nulle chose logique ne se constitue[143] sans que nul sujet ne puisse s'en apercevoir[144].

L'inévitabilité de cet acte de péremption constituante (ou la nature auto déniante de sa dénégation) peut entraîner la tentation de la catégoriser, en mode déniant, comme une simple séquence linéaire logiquement neutre[145]. Une sorte de « tache aveugle » de l'acte catégorisant, qui manque ce qui le constitue lui-même.

La cause mécanique (protocolaire) de cette obreption consiste en cette inévitabilité de l'acte en quoi consiste la séquence, par incapacité pour un sujet (hypothétiquement discernable de l'acte logique) d'exercer la faculté catégorielle sans que cet exercice ne soit déjà la péremption constituante qui produit l'histoire de la catégorialité (du monde en tant que sens).

Ce permanente déficit que subit l'accomplissement catégoriel quelconque (voire l'ostension d'un caillou ou d'une canette de bière dans un terrain vague), cette lacune, existe par son complément, lequel existe sur le mode de la péremption constituante, ou causative. Ne pouvant pas se poser en elle-même (pour ainsi dire, substantiellement) cet acte de péremption causative consiste en une permanente lacune articulante et adventice.

Péremption ne signifie pas précession de quelque chose qui était et qui n'est plus. Nulle chose ne s'anéantit, et de nulle chose nul ne dira « ceci n'est rien ». Cet empêchement, qui ne résulte pas d'une stipulation externe, même argumentée, est la seule cause du mode effectif dont le sens « se manifeste », autrement dit existe.

On peut faire remonter le commencement de la séquence de la production catégorielle au commencement de l'univers, scientifique ou biblique, et si on abandonne la question concernant la possibilité d'être de ce commencement-là, tout est dit. L'hypothèse d'un commencement non protocolaire se trouve ainsi ruinée. Mais également l'hypothèse de quelque chose comme un « non commencement » les choses allant leur train d'elles-mêmes, si on admet la possibilité de décrire (de concevoir) un témoin absolument inerte en tant qu'exécuteur du logique, et capable cependant de constater la réalité de cette séquence sans acte (spontanée, automatique, logiquement inexistante) même s'il s'agît de cet acte même d'en constater l'existence. Condition qui ruine l'hypothèse. Ce vide articulant est donc un acte logique, constituant par péremption.

Être un acte logique signifie ici « être toujours un acte logique », autrement dit, (et pour ainsi dire), ne jamais être vide de ce vide qui est un fait catégoriel. Même réduit au fait que l'on sache quelque chose, en désignant quelque chose comme étant le vide articulant. Si on ôte ce fait, il y aurait un logique sans sujet, une existence autonome du sens, de son développement, de son histoire. Sauf qu'il faut tout de même quelque sujet qui en annonce l'existence[146].

Que, à aucun moment, il ne se puisse qu'un fait logique quelconque ne soit pas et que ceci résulte de l'entreprise même de faire qu'il en soit ainsi[147] que cette circonstance, du moins en tant que constat, doit se passer, autorise l'image d'un vide itérativement comblé. Comment existe-t-il, ce « vide comblé », qui ressemble à un objet aporétique, ou dont la position est auto contradictoire ?

Le comblement est une manifestation du vide en tant que facteur articulant effectif. Discontinuité, articulation, diversification signalent que ce vide n'est pas nul. Mentionner valablement les occurrences de cette discontinuité, articulation, diversification est concevable seulement si le mode d'existence de la non nullité du vide est justement ce phénomène de diversité, articulation et discontinuité. « En savoir quelque chose » (expression équivalente de « mentionner valablement ») est un fait irréversible et irréductible. Ni susceptible de rétroaction ni d'effacement.

Ce vide est un épisode qui se déroule actuellement. Le réel logique (catégorialité matérielle) si cela apparaît, n'apparaît pas comme une altération du même, si cette altération est irréversible et exclusive d'une forme quelconque de constat de ce en quoi consiste ce « même » altéré par son actualisation logique. Cette irréversibilité obligerait à dire que la conversion constituante du fait logique serait plutôt celle de l'autre en même, et nullement du même en l'autre[148].

Supposons que je (un sujet) pouvais supposer effectivement (sans auto dénégation) l'acte d'un sujet consistant en une observation du fait logique. Cet acte d'observation serait réduit à « presque rien » dans le cas d'une soumission immédiate à une évidence immédiate[149], un automatisme de la certitude, à une sorte de séquence ponctuelle itérative[150]. Aussi loin que l'on souhaite aller vers la ponctualité et l'immédiateté de cet exploit, qu'il en soit question, (ou que sa catégoriabilité existe) ainsi que sa réduction à la quasi immédiateté, et pas plus, fait que cette occurrence soit séquentielle, même réduite à l'acte articulant.

Et que cela puisse se réduire à la séquence articulante rend nécessaire de statuer qu'il ne s'agît que de séquentialité articulante, en ce sens que cela suffit, et que par conséquent il n'est pas pertinent (ni concevable) d'aller plus loin.

La fonction constituante s'épuise en son exercice, et n'a lieu qu'une fois. Car le savoir est l'accomplir. L'irréductibilité de la séquence articulante se caractérise également en disant qu'il ne peut pas y avoir de continuité logique automatique et sans sujet. Et que cette impossibilité s'accomplit comme la résolution catégorielle d'une lacune articulante. En d'autres termes, il existe quelque catégorialité. Le minimalisme de cette condition (réduite autant qu'on veut) et la persistance de son effet (qui se réduit au fait que, si cela n'est pas, aucun logique n'existe, ni sujet, ni sujet capable de savoir quelque chose au sujet de cette inexistence : ce qui caractérise une sorte d'éternité protocolaire). Cette contrainte protocolaire est la seule cause logique au sujet de laquelle le logique peut connaître quelque chose. Et, comme Descartes l'a statué, mais dans un autre sens, rien n'est sans cause. Immanente et protocolaire. Sauf s'il n'y a rien, ne serait-ce qu'un « bref instant », un « instant presque nul », condition d'exercice d'une autre forme de cause. Nécessairement divine (ni humaine ni logique).

Ce circuit du remplissement de l'articulation séquentielle, cycle si court qu'il peut être assimilé à l'énonciation d'un terme, est la forme de la cause logique naturelle s'il en est une.

L'hétérogénéité logique, dans le logique, a sa positionnalité (condition de possibilité de l'impossible) dans cette condition protocolaire ou privation de progression autonome et automatique. Constamment hétérogène et ayant lieu par la réduction protocolaire (la résolution) de cette hétérogénéité. Le logique requiert un acte causatif.

S'il pouvait se concevoir un fait noétique premier et partant en position de cause la série des causes de la cause ne pourrait plus finir. À moins de statuer que la cause est absolument transcendante. Or, être transcendante au logique et n'être rien c'est le même, pour nous. Si le commencement peut se localiser comme ce qui est « juste avant » ce qui commence effectivement, séparé de cette effectuation matérielle par un écart « pour ainsi dire nul » (en le disant très vite) et s'il ne consiste en nulle effectivité matérielle (ou catégorialité) il ne peut pas non plus consister en la pensée qui le détermine. Cela ne se pense pas. Plus exactement, nul ne peut dire que cela se pense. Et si quelqu'un le dit je ne peux pas le savoir. Du moins ne puis-je pas prouver que je le sais[151].

En abrégé très serré, le logique est la cause de l'inexistence d'un logique avant le logique. Car « dire ce qui est avant » est ce même acte d'exclusion de ce qui est avant ce logique qui consiste en cette catégorisation de ce qui était « avant ». Cette circonstance mécanique et même triviale (« analytique ») est une certitude protocolaire (ou nécessité privative). Certitude à chaque fois que la circonstance se présente où il est imposé de la constater (ou seulement subir, en la catégorisant comme on voudra, voire dénégativement).

Cette annulation du précédent ne crée pas une discontinuité, que cet acte d'annulation empêche. C'est en ce sens que le propos de Descartes est protocolairement exact, à savoir (par exemple) que le néant ne saurait produire aucune chose, et que si dans l'idée il se trouve quelque chose qui ne se rencontre pas dans sa cause, il faut donc qu'elle tienne cela du néant (ce qui ne se peut pas). Si la discontinuité ne se pense pas, cela ne fait pas disparaître la possibilité catégorielle. Ou bien, cela n'empêche pas de ne pas être rien.

La non discontinuité ne se convertit pas en continuité autonome, mécanique, ne consistant pas en un quelqu'un acte logique[152]. Que cet acte soit requis est le mode catégoriel d'existence de la fonction (de) cause ; la « fonction-cause » plus précisément. Autrement dit, la discontinuité ne peut pas se penser, lorsqu'il serait possible de la penser, cet acte annulant la discontinuité. Cette annulation étant protocolairement requise, s'il y a quelque fait logique, ou une quelconque catégorialité (du) monde[153], et consistant en tout accomplissement catégoriel[154]. Accomplissement catégoriel qui existe comme le sujet existe, non pas sous forme d'une intervention transcendante, mais seulement par impossibilité protocolaire de dire que cela n'est pas[155]. Et nous ne connaissons pas d'autre forme d'impossibilité[156]. Cette impossibilité est la positionnalité de l'entité inarticulable désignable comme le « sujet cause », le sujet-liaison, le sujet-continuité, dont il est question[157] dans les Méditations Métaphysiques[158]. Ne pouvant y avoir (pour nous) ni de continuité ni d'arrêt, et le fait que cette impossibilité consiste en un fonctionnement protocolaire (un exploit, au sens du latin signifiant

« accomplissement ») ou un événement agi, crée la positionnalité de la notion inarticulable (que son énonciation annule) de « commencement ». Le logique a lieu comme un acte constituant, toujours requis, même si cela est nécessaire et protocolairement inévitable. Pour ajouter du pittoresque, on pourrait dire que je sujet logique est condamné à la création du monde.

Le lieu du commencement n'est donc jamais le vide, quelque sorte de zéro véritable, de néant essentiel. Le supposer le comble. Pour ainsi dire, « en ce lieu, on trouve toujours déjà quelque chose, au moment exactement où l'on serait en mesure d'y constituer autre chose ou une chose quelconque. ». Ce non dépassement requiert donc un acte de dépassement qui échoue. En quelque sorte, le sens échoue en monde. C'et un acte[159]. Ce comblement est l'acte de supposer le lieu logique qui serait vide. Il n'est pas possible, à aucun moment, de ne pas le supposer. En ce sens, instrumental, qu'il ne peut pas y avoir de « perception » d'un fait logique accompli[160] qui ne soit création d'un fait logique (non pas par un sujet permanent et transcendant quant à cette constitution, mais comme le mode matériel dont « il y a logique », lequel pourrait aussi bien n'être pas) et que cette discontinuité se résolve toujours en « non vide ». Il ne se peut pas que l'on dépasse cette double négation (le « non vide » qui se produit) vers une position positive et objective de ce qui le comble. Tout fait logique est donc supposé et seulement supposé. Il ne peut y avoir de fait logique réel qui ne soit image de fait logique. Ou anticipation frustrée, et que rien ne saurait empêcher, quoi qu'on fasse (par exemple, présenter l'anticipé comme anticipé seulement). Ce comblement de la lacune (ou de la non continuité concernant une continuité intrinsèque du fait logique) n'est perçu lui-même que comme supposition, ainsi qu'il en va pour tout fait logique. Rétrospection d'une sorte de mort logique de l'anticipation, immanente à l'anticipation.

Il se peut (et cela se fait) que l'on utilise une catégoria-lité auto dénégatrice [161] pour désigner ce vide, en entreprenant en même temps de ne pas le combler. En quelque sorte, un acte logique capable de s'accomplir si vite qu'on puisse en savoir quelque chose avant même que le vide se comble qui lui corres-pondait exactement. Cette confusion narrative provient du fait que cela ne peut se dire, que cela ne peut pas se narrer. Le narré de cette impossible narration est cependant un fait, et consiste en cette impossibilité. Comme toute impossibilité identifiable est une réalité logique, il est requis d'en déterminer la position-nalité. Dans ce cas, cela consiste en l'impossibilité de passer du « non vide » (ou du [non (non plein)] au plein), et la contrainte d'en rester à un « non vide » qui rend catégoriellement réel le vide qui y est mentionné. Ce hiatus articulant n'articule pas son propre événement à lui-même. Autrement dit, de ce rien, du rien ne s'ensuit pas.

153

Autrement dit, que ce hiatus soit d'une manière ou d'une autre passible de position en fait une chose logique, remplie au moins d'elle-même, devenue chose logique entièrement disjointe de sa source fonctionnelle et vide. Vide à l'acte près en lequel elle consiste.

Cette chose quelconque qui ne remplit jamais que son propre manque[162] et qui de cette façon fait exister catégoriellement le manque de chose est la seule réalité catégorielle de l'objet x, représentant catégorielle de la condition de permanence ou de non suspension du fait logique, catégorialité d'une permanence réduite à elle-même.

L'unique mode d'existence de cet « objet quelconque », qui, à exister, se nierait en tant qu'objet quelconque, consiste en ce lien protocolaire entre la chose logique et la suspension logique. Le lieu du logique est le même que celui de sa défaillance. Et comme toute chose, cette circonstance est une réalité catégorielle, une chose désignée, comme « la chose en général », ou la chose en tant qu'objet « x ». Mais cette chose est auto déniante, en ce sens qu'en dire quoi que ce soit amène à extinction sa qualité de chose indéterminée. Que ce soit « chose » est exclusif de ce que ce soit « indéterminée ». On ne dit les choses qu'avec les choses.

Cette indétermination devenue impossible en raison de sa mise en œuvre est réelle, autrement dit relève d'une positionnalité réelle. La non suspension consiste en l'acte de remplacer l'objet quelconque, indéterminé, encore possible, par un objet actuellement déterminé unique et irréversible. On a alors de droit de parler de [non (non successivité)], survenue et non anticipable. La successivité étant ainsi exclusive de catégorisation non auto-déniante. Cette condition privative de la pensé possible est exactement décrite dans la Méditation Troisième lorsque, dans la question de la cause, Descartes note : *de ce qu'un peu auparavant j'ai été, il ne s'ensuit pas que je doive maintenant être* et plus loin *[...] si je possède quelque pouvoir et quelque vertu, qui soit capable de faire en sorte que moi, qui suis maintenant, sois encore à l'avenir. [...] je n'en ressens aucune dans moi.*

Cette exclusion locale, actuelle et déterminée de la possibilité de penser la cause est donc la source protocolaire de la séquentialité. Certitude protocolaire et privative de ce en quoi consiste ce qui ne se pense pas. Malgré le désir, si fort à l'occasion qu'il peut se catégoriser sous forme de « réalisation hallucinatoire » (selon Freud). Par exemple (dans les Méditations Métaphysiques) par l'exigence de l'existence d'un dieu, dont la positionnalité est cette certitude privative de ce qui ne se pense pas (ou qui est exclusif de catégorialité) qui, étant réelle et constante, figure l'existence d'un autre logique que celui qui, pour nous, est protocolairement possible. « Autre logique » dont on serait en peine de déterminer de quelle façon nous pouvons en savoir quelque chose. Autrement dit, nous ne savons pas comment cela pourrait nous parler. L'objet indéterminé est la catégorialité de la condition séquentielle et de l'impossibilité de la penser, parce qu'on la pense.

La catégorialité (ce que nous savons du sens) est une chose qui advient. Ce : devenir chose logique ne termine pas. Cette occurrence ne consiste pas en la transformation d'une chose non logique (ou qui n'est pas de nature catégorielle) en chose logique, ni en la transformation d'une chose logique en chose logique. C'est l'impossibilité protocolaire (« agie ») que la chose catégorielle devienne « chose tout-court », ou « la chose elle-même », impossibilité qui n'agît pas comme un interdit initial et définitif, auquel il ne serait plus imposé de penser. Qui serai exempt d'existence logique. Agissant comme une sorte de « lumière naturelle » qui interdirait automatiquement d'entreprendre de concevoir l'inconçu. La non suspension exclut la subsistance pour ainsi dire automatique et autonome de la réalité catégorielle.

Cette occurrence protocolaire est le temps logique. Mentionner la durée, ici, consiste à catégoriser le mode dont la condition protocolaire apparaît comme impérative, à l'usage. La non suspension, la non continuité, la non immédiateté. De la durée on ne sait que ceci, et on ne peut pas ne pas le savoir.

Vérité protocolaire, et certitude privative, en ce sens que cela ne peut pas ne pas se penser ainsi, et que cela ne se pense ni positivement ni directement. Pour autant que quelqu'un peut le dire.

Cet empêchement est un fait logique, et nullement une stipulation fondamentale qu'il suffirait de respecter une fois pour toutes. Le terme, allusif et en guise d'illustration de « traumatisme logique » catégoriserait assez exactement le fait que cette privation d'immédiateté et de continuité ainsi que la non suspension de l'occurrence actuelle et matérielle du sens consiste en quelque chose qui survient, lors de l'accomplissement du fait logique. Le sens souffre de la durée[163]. C'est le mode d'existence du sujet du logique. L'état ordinaire du sujet du logique c'est d'être en souffrance de sens[164], malgré qu'il n'en manque jamais.

Il n'y a pas de différence concevable entre l'acte logique et la chose en laquelle il consiste. Au niveau le plus immatériel et abstrait qui soit, utilisons craintivement la notion de « position de ». Ce qui désigne la différence entre ce que quelque chose soit, et le fait que cela constitue la catégorialité du fait que cela est, catégorialité consistant en le mode dont cela apparaît. Que cela ne soit pas rien, et que cela ne soit pas autre chose, ni n'importe quelle chose, une chose quelconque non incarnée actuellement, ni l'objet d'une prise de connaissance par un sujet logique existant en dehors de toute prise de connaissance.

Comme si la chose n'était ce à quoi est contraint l'acte logique, indissociablement. La chose est l'acte logique constitutif de sa propre position. En ce sens, la chose manque. En raison de la requête constante d'individuation actuelle de la chose. Comme si un hiatus se devait sans cesse résoudre en réel logique. Cet événement se catégorise comme la transcendance à un seul pas, exclusive elle-même de transcendance, créatrice de pensée[165] et impensable, le seul réel qui a lieu.

La chose est un terme qui se dit. Le terme pâtit de la même condition d'existence que cella imputée ici à la chose logique. Son existence ne s'anticipe, ni ne se prolonge, ni ne surgit du néant, et son actualité est un cas de reconstitution par comblement de lacune. Mais ce comblement, qui doit se produire[166], ne peut pas non plus s'annuler autrement que sur le mode du comblement de lacune. Autrement dit, rien ne s'annule de la réalité du fait logique, et ceci, si on veut l'exprimer en termes de diachronie, « depuis que du sens a lieu ». Dans ce que l'on désigne comme la phylogenèse, ainsi que dans ce que l'on désigne comme ontogenèse[167]. Si la lacune existait, comme réalité autonome, même un très court instant (et même moins) la suite du sens serait due, nécessairement, à l'action d'un agent transcendant. Ce qu'affirme justement Descartes. Sauf que cet acte d'annulation intermédiaire (articulante) est un acte catégoriel, donc un comblement de lacune. Ce sont des actes logiques que l'on peut réussir à condition de ne pas les accomplir du tout.

Cette condition articulante (« initiale ») préjuge un observateur installé dans le néant qui précède l'acte d''initialité.

C'est ainsi que nous manquerons toujours de la possibilité d'identifier un fait logique constituant, en ce sens que le constitué est constituant, et le seul constituant qu'il peut y avoir. Le fait logique procède de ce qui est. La tentative de passer des fondements aux applications enfreint cette condition, à savoir que le fondement est une application, dans le domaine de la question du fondamental. Lors de l'identification d'un déterminant fondamental, la transition à une application s'est déjà produite. Cette restriction par excès de possible a lieu par voie d'échec frappant sa transgression, échec souvent coûteux, soit pour le savoir, soit pour l'histoire. La positionnalité de cet échec consiste en ceci que c'est uniquement par un échec de sa transgression que la condition privative s'accomplit. Nul ne décide d'appliquer une condition privative, ni de s'y soumettre.

Le fait premier est cet événement constituant[168]. Faire mention de l'événement constituant est possible (donc inévitable) seulement si l'acte catégoriel était la visibilité de cette impossibilité articulante d'une suspension logique. Ou l'acte de manifester le mode dont cela se passe. Il en va de même pour un récit, supposé, qui décrirait ce qui ne peut pas avoir lieu. Par exemple, le récit suivant : « je pense que je ne pense pas », ou « je suis le sujet qui pense qu'il n'est rien » ou encore « je suis le sujet qui affirme que tout est douteux, même l'existence de ce même sujet ». Toute chose consiste en ce mouvement constitutif, ou « transcendance courte », à un seul temps, inobservable et indépassable[169].

L'objet paradoxal qui représente la détention sans acte logique d'un objet logique (discernable, descriptible, caractérisable) doit être imputée à quelque chose, de l'ordre du sujet logique, mais intervenant lors de l'absence (ou par le biais de l'inexistence) du sujet logique constituant. En distinguant les figures de ce « para-sujet » et sa positionnalité[170] la notion de Dieu dans les Méditations Métaphysiques semblent le cas extrême de son illustration (on utilise aussi la pure objectivité, le simple bon sens, l'intuition, le réalisme, la méthode, le hasard, etc.[171]).

Si l'impossible logique peut toutefois consister un en acte réel, c'est donc que tout acte logique se déroule exactement selon la description de cette circonstance impossible, ou cet impossible réel. La non discontinuité du fait de sens[172] est un acte logique, et nullement une sorte d'appartenance substantielle dont nul ne pourrait témoigner. La continuité substantielle dont parle Descartes[173] est soumise à une médiation protocolaire, qui n'a pas elle-même de continuité substantielle, mais requiert pareillement une médiation protocolaire. Et non pas « ainsi de suite », mais si « et pas autrement » (Pour autant que ceci peut consister en une énonciation non auto déniante. Pour autant que ceci se dise).

Cette disparition logique n'est pas, pour autant que l'on peut en dire quelque chose, une disparition ontologique. On pourrait illustrer cette description par la figure d'une démonétisation logique de la chose. Car il faut une chose à la disparition, et cette nécessité protocolaire crée le fait logique, en ce sens que « être quelque chose » doit se dire, autrement dit, exister en mode catégoriel. Même si c'est pour dire « ceci n'est pas un fait logique[174], mais une entité d'ordre ontologique ». Cette articulation ontologique est le mode d'être des choses, et la raison de la modalité épistémologique de la catégorialité. Même dans des occurrences réduites au minimum catégoriel, comme l'énonciation du nom d'entités mathématiques.

Ainsi ne possédons-nous aucun objet, réduits que nous sommes à la détention du pouvoir protocolaire de les constituer, pouvoir qui est requis si on désire s'en défaire. En cette fondation protocolaire et critique de l'effectivité du sens, il n'y a pas d'objet premier. Le logique consiste en le mode d'ont il y a quelque chose. Ce « il y a » est fondamental, donc nécessairement requis, et c'est en cette condition que réside le mode d'existence du vide articulant. Ne pouvant exister que comme passage d'une chose vers une chose[175], serait-ce la même. Pipe de Magritte ou Dieu des théologies de l'innomé.

Le vide qui se désigne essentiellement est une des choses du logique. Même si, de fait, son existence protocolaire est constante et indéniable. Une catégorisation fictionnelle désignerait ce vide comme la fabrique du logique. Ainsi que la positionnalité de la source pré logique du logique, agissant juste avant sa conversion en chose logique, catégoriellement équivalente de toute autre chose. Ce qui est un autre nom du manque.

Le sens fantôme

*L'univers est une chose logique s'il y a une chose lo-
gique.*

L'accomplissement logique anticipé comme possible est plus étendu que le sens qui s'accomplit, et qui de ce fait détruit la virtualité dont il serait l'accomplissement.

Par « étendu » on doit comprendre des faits de sens effectifs réels, et nullement un espace logique en même temps inoccupée (catégoriellement, protocolairement) et réel.

Des faits de sens qui consistent en l'articulation d'un terme dont la validité est incompatible avec son énonciation. Le fait princeps serait la désignation de Dieu, mais tout terme référant une entité logique accomplie terminalement, et ayant survécu en mode autonome et en dehors de tout acte d'accomplissement remplit cette fonction.

Ce déficit créé par l'acte d'encaisser son dû crée pour le logique un manque à gagner, qui survient à cause de l'exécution effective (catégorialité en acte) de l'opération logique quelconque.

On désignera par le terme « chose logique » la catégo-rialité constitutive de toute manifestation[176]. Et par le terme « le fait logique » la manifestation de cette catégorialité[177].

Mais la réalité du sens effectué (le logique) se réduit à cette catégorialité, réduite elle-même à la chose logique, réduite elle-même à la manifestation catégorielle. Cette réduction est un au-delà du « simple ontologique » et en ce sens une trans-cendance locale, primaire, irréversible et indépassable. Relati-vement à laquelle on peut statuer qu'il n'y a pas de transcen-dance de la transcendance, en même temps que l'on doit cons-tater que, si quelque fait de sens existe, il n'y a pas de non trans-cendance.

On admettra que le fait logique ne commence pas en dehors du logique, et que nul « non logique » ne lui succède. Admettre cette condition signifie seulement que ce qui est, est pour nous. Et l'attitude qui correspondrait au rejet de cette hy-pothèse devrait également être pour nous. Et que nul sujet n'est en mesure d'exempter un sujet (lui-même ou un autre) de cette condition restrictive. Et la nature restrictive de cette condition est produite par sa propre mise en œuvre.

Sinon, on admettra que toute l'engeance des démons so-cratiques, ou des malins génies cartésiens (ceux-ci exerçant sy-métriquement la même fonction que l'intraitable démon) ont une existence propre, et une action à distance indescriptible, et que la législation du possible logique s'exerce de son propre fait, un peu à la manière des juges kafkaïens du Procès.

Mais, prétendrait-on l'admettre, encore faudrait-il que cela puisse se dire. Sauf si, « à un moment quelconque » il était possible de penser une suspension du fait logique. Que cette suspension existe ou non, il suffit pour ce propos que cela ne se pense pas, ou bien encore que cela n'existe pas lorsque cela se pense, et à cause du fait que cela se pense. On ne peut pas en dire plus.

Le domaine du sens doit donc se déterminer comme « exclusion de tout le sensé possible par un fait de sens ». Ceci par nécessité protocolaire, triomphe du démon susmentionné, ou défaite magnifique du malin génie archi-connu. De cette condition instrumentale (que seul soutient le fait parfaitement contingent que quelque fait de sens se produise, qui aurait pu aussi bien ne pas se produire, en raison même du fait que cela a dû se produire) il est possible de poser une sorte de hiatus logique comme lieu d'apparition du fait de sens. Quelque peu conforme au récit de la création dans la Genèse. Vide logique qu'illustre la « terre informe et vide » ; comme en toute circonstance de ce projet (ou désir) logique, le seul fait de mentionner un tel hiatus le condamne à l'auto dénégation. Comme il en va pour toute chose qui se mentionne, même le vide logique doit être un fait de sens effectif. Terme ou fiction peu importe.

Cette privation totale de sens à un fait logique près est la positionnalité[178] d'une totalité de sens, vide de tout accomplissement déterminé. Qui a une réalité protocolaire, autrement dit l'acte de sens quelconque produit cette totalité de sens, possible à un fait de sens près, vers laquelle il barre l'accès. La privation est la positionnalité de la totalité[179], mais ce couple est strictement orienté, et indissociable. La mécanique protocolaire que sous-tend ce rapport consiste en ceci seulement, et « platement » que, dans le logique, il n'y a pas de suspension du logique[180]. Ce qui entraîne la non subsistance de la réalité du fait logique, qui doit toujours se faire, et qui entraîne encore, de ce fait, une sorte de disparition totale de ce qui avait déjà été constitué.

Même si on enferme son texte dans un coffre fort enfoui au fond des mers dans les entrailles d'un rocher. Cette chose logique constitué fait partie de ce rien au sujet duquel il est permis de dire « cela n'est rien », et, ce « cela », qui n'est rien, encore doit-il exister.

Cela qui n'est rien n'est jamais rien. De tout autre rien, rien ne se dit. La non suspension signifie seulement que, dans le logique, le non logique n'a aucune réalité. Ce qui est d'une grande pauvreté tautologique, et qui semble même pouvoir s'écarter d'une chiquenaude. Le sens dépend de l'inexistence de cette chiquenaude.

Acte privatif auquel nulle complétude n'est corrélée[181]. Ceci sous toutes les formes désignables de la linéarité. Par quelque moyen que l'on entreprenne de vaincre cet obstacle opposé au sens [182] qui est ce en quoi consiste la réalité phénoménale de l'effectivité du sens, ce moyen d'auto annulation du sens est déjà exclusif de cette annulation même. Ce que l'on désire annuler a déjà eu lieu lorsque l'on entreprend de faire en sorte que cela soit nul.

Entreprendre d'accepter sans le produire cet obstacle phénoménal à la réalisation totale (ou « véritable ») du sens requiert une manière d'exister statique et objective du sens, laquelle perd cette qualité dès lors même qu'on la pose, car cet acte est l'acte ordinaire de création protocolaire (« logiquement agie ») de la condition privative.

Savoir la carence de sens, avoir vent d'un inconçu qui pourrait se concevoir[183] mais dont le concept est vide, est déjà nécessairement l'accomplissement d'un possible logique, et la catégorialité (ou la matérialité) de la requête. Que des termes puissent se dire sans rien signifier[184] entraîne que ne rien signifier doit être une entité logique, laquelle est nécessairement (par contrainte mécanique) un fait catégoriel, lequel est nécessairement la manifestation d'une chose[185]. L'objet de la requête et les moyens de mettre en œuvre la requête sont le même[186]. En clair, il n'y aurait pas requête de l'acte logique impossible si cette requête n'était pas une nécessité protocolaire.

L'inconçu est le nom (la catégorialité) de la totalité effectuable du sens que l'acte de sens actuel exclut. L'exclu de cette exclusion est déterminé par ce qui l'exclut, et n'existe que relativement à cette excluant. L'excluant, le fait logique réel, est toujours tout d'abord exclusion de son inconçu spécifique. L"erreur', l'inconçu, l'impossible, l'alogique est ainsi toujours premier, même si cela n'existe qu'en sa conversion en réel logique[187]. Et cette conversion est continue, irréversible et insécable. C'est le logique en tant qu'histoire.

Dès la construction du terme catégoriel qui eût nommé ce qui ne se pense pas, la procédure qui attesterait de sa validité logique (de sa réalité conceptuelle) est déjà en place, définitivement et irréversiblement. Chercher Dieu à partir de Dieu explicite le mode dont ce terme a été produit, sans plus. Il en va de même pour le terme (pseudo catégoriel) « Être ». Que cette quête soit infinie (et s'en vante) exprime le fait que ces termes sont la catégorialité de ce qui ne se pense pas lorsque l'on pense, et à cause du fait que l'on pense. « Que l'on pense » s'atteste par un accomplissement catégoriel. En simplifiant, comme une énonciation. Laquelle comporte l'assertion implicite : « ceci se dit ». Or, certaines énonciations proviennent de la catégorisation de ce qui est exclusif d'énonciation. Au sujet de quoi on sait quelque chose.

Ce prodige est en fait réducteur, et provient d'une cause mineure et triviale : on ne pense que l'impensé spécifique de ce qui se pense. On « sait » penser Dieu, parce qu'on sait penser les caractéristiques (privatives) du sujet du logique. On « sait » penser l'Être par ce qu'on sait penser la transcendance catégorielle qui atteint le « pur ontologique » devenu de ce fait l'impensé de ce pensable. Ces entités sont la manifestation de l'acte d'exclusion locale et définie de totalité auquel tout acte logique est (continuellement) contraint. Acte d'exclusion qui est la positionnalité[188] de cette totalité effective de sens, que l'on est de ce fait capable de mentionner[189]. Voire (si le désir logique de rompre la paroi privative est trop violent) d'halluciner[190], et de représenter.

Toute quête logique dont l'objet est un terme explicitement non énonçable est une simulation. Profitable si on la comprend comme telle. Technologie, méthode, raison logique, objet, sont contenus (analytiquement) dans la production du terme qui catégorise un non-énonçable déterminé.

Cette tautologie procédurale requiert un moment de rupture entre l'identification de son objet et son propre démarrage, destinée à dénier la nature analytique de la caractérisation d'une telle procédure. On perdra tout d'abord Dieu, on aura bien entendu égaré l'être, mais pas pour bien longtemps. La « perte »[191] est l'un des catégorialités possibles de l'impossibilité d'énoncer, comportant l'affirmation d'un dépassement possible de cette impossibilité. La perte du sensé (désigné par un nom terminal, Vérité, Dieu, Certitude) est produite par l'acte logique qui consiste en sa conversion, qui le fait dépasser le stade du pur ontologique (ou assertion nulle quant à la chose assertée) vers le fait logique, ou réalité catégorielle. Ce « perdu » est donc la condition ordinaire de tout accomplissement logique, même celui dont on pourrait dire qu'il est d'un niveau conceptuel extrêmement bas[192].

Pour que l'on puisse entreprendre d'obtenir cette perte, il est requis que tout acte logique soit relatif à un exploit perdu. C'est en cet ordre que se construit le projet de « penser ce qui ne se pense pas », même si c'est pour affirmer que cela ne se pense pas (théologie négative, ontologie du « retrait de l'être »). L'outillage de cette quête est le même que le protocole implicite dans la production ordinaire du fait de sens. Même pour « chercher le non logique » on ne sort pas du logique. Et cette quête subit toutes les déterminations protocolaires constitutives du fait logique quelconque. C'est en ce sens que la position de Descartes (comme d'Anselme) relève d'un réalisme plat de la condition protocolaire. Il est évident, que l'on ne chercherait pas Dieu si on ne l'avait pas déjà trouvé, il est évident que si on peut seulement concevoir la question de l'existence d'un Dieu cette existence est indéniable, et immanente à l'identification de l'objet de la quête. La méthode contient la réponse. La requête logique consiste en ce qui est exclut du fait de l'accomplissement effectif du sens. Ceci consiste en ce qu'il y a quelque chose. Et que ce « il y a » est un fait catégoriel. Un grain de sable suppose l'univers, et son au-delà. Ceci résulte de la condition mécanique qui détermine l'existence ou l'inexistence du logique, à savoir qu'il y ait toujours quelque sens, et que la réalité connaissable du sens se limite à cela.

Identique au mode ordinaire d'effectuation du fait de sens, cela entraîne que cette position de l'objet perdu est une contrainte. Concevable, parce qu'impérative. Anecdotiquement, c'est ce que nous faisons tout le temps, pour autant (et aussi longtemps) que quelque chose est pour quelqu'un[193]. Ou que nul ne peut exprimer le fait qu'il n'en est pas ainsi[194]. Cette assurance, que quelque manifestation est, de son propre fait, devenue indéniable, est restrictive, et même activement restrictive.

C'est la douleur logique de la finitude du sens (celui auquel moi, simple homme, j'ai accès) qui s'exprime, voire bruyamment, dans des textes mystiques, relatifs à la connaissance de Dieu.[195] Mais c'est aussi ce qui détermine toute effectuation de sens comme un travail[196]. L'acte logique quelconque doit être une opération active d'exclusion. Même lorsqu'on entreprendre de réduire infiniment cet acte logique, le rendre aussi réduit que faire se peut (mais son annulation sonne le deuil de tout sens). Ou d'en produire la version auto destructrice, le cri par exemple. Ou encore de faire taire le suppôt du sens, en le tuant, ce qui entraînera que l'on se tue soi-même ; ou par toute autre forme de l'artisanat de la destruction.

Il suffit que quelque chose soit (manifestation catégorielle) pour que cela même constitue un travail d'exclusion de tout autre fait de sens, dans un domaine illimité (par incapacité à le limiter sans l'annuler) de tout fait de sens possible. Que ce rejet lui-même engendre. Cet effet mécanique (mais protocolaire) de position d'un accomplissement illimité de sens, et de son rejet purement occurrent contraint l'acte logique à se constituer comme désir de dépassement et déception quant à ce dépassement. Ce qu'illustre (naïvement) le texte théologique concernant la recherche de « l'absolu » conceptuel[197] en tant que projet intrinsèque au fonctionnement de l'esprit. L'absolu est une occurrence triviale du quotidien. Le fait de sens se produit comme une exclusion active du sens l'illimité[198].

Cet acte d'exclusion est constituant du fait logique quelconque. Un fait logique actuellement effectif est l'exclusion de la totalité d'une virtualité de sens[199], y compris de son propre fait, non réitérable. En quelque sorte, penser juste c'est penser au-delà, et en subir la conséquence[200] dirimante. Toute pensée est chute. Pour obtenir l'identification du principe de certitude protocolaire (définitivement indéniable) Descartes a visé l'esprit de Dieu et l'âme de l'homme. C'est un protocole universel. Et quand la chute est arrivée, il n'est plus question de pouvoir rebrousser chemin. Le salut épistémique est réducteur. La vérité est privative. Et aussi voisine de l'absolu que cela se peut.

L'acte positionnel premier consiste à faire que quelque chose soit, par un biais (un outillage) catégoriel quelconque, au sein de l'absolue virtualité que quelque chose puisse être, et qui serait identifié, « juste avant » son effectuation, par quelque chose comme le symbole « objet x », provenant d'une cause extra phénoménale. Si jamais ce moment imaginaire qui précède l'effectuation pouvait exister sans consister en une effectuation déterminée[201].

L'acte positionnel se déduit de l'occurrence protocolaire en quoi consiste la position[202] d'une chose. Il n'y a pas d'acte positionnel isolable, à rapporter à un fait logique dont il déterminerait la possibilité. L'acte positionnel est uniquement privatif. Il ne s'agît pas de quelque cause (voire logique) qui fait « que quelque chose soit » mais l'accident qui consiste en l'exclusion du double impossible de la chose qui est (c'est-à-dire qui a existence logique) Ce « double impossible » pouvant être la réalité constituée d'un fait catégoriel, apte à s'exonérer du travail logique qui le constitue. Chose qui se situerait juste avant, juste à côté, juste au-delà de l'opération catégorielle en cours. Si je dis par exemple « Dieu » ou « L'Être », il suffit de patienter jusqu'à l'instant que le chose catégorielle ainsi produite soit complète et achevée, ou bien la mentionner (en gémissant sur sa perte ?) comme ce dont l'acte « humain » vient de provoquer la perte, ou de quelque instance placée juste à côté, simultanée de l'action catégorielle, et qui en inspire la formation, et qui existe ainsi, toute constituée, (on le sait, on ne sait pas comment) mais en quelque sorte « dissimulée », occultée derrière cette besogne terrestre et simplement humaine de le dire. C'est ainsi que fonctionne la fabrique des monstres conceptuels. Mais également le mode ordinaire de production des faits logique catégoriellement réels. N'importe quoi (toussez !) a son double céleste, ou souterrain, au choix. Que ce lieu soit vide, c'est le principe d'angoisse logique, que peut illustrer par exemple ce propos de Pascal, très couru et devenu populaire : *le silence de ces espaces infinis m'effraie*. La positionnalité est ce petit désastre creux qui atteint le constitué logique quelconque[203].

« Commencer » comporte le récit de ce désastre infime. Institution (re-institution, recouvrement) du vide logique absolu qu'un commencement logique requiert, et déjà son abolition par ce récit lui-même, qui suppose un commencement révolu. Est-ce possible, lorsqu'on détient un récit révolu du commencement, de remonter jusqu'à son actualité, de revenir au début de ce commencement, et en quelque sorte le revivre et le faire voir[204], par la résurrection du vide logique absolu où il s'est constitué, comme il en va de cette époque bénie où Dieu n'avait pas encore créé l'univers, et pendant laquelle, selon Augustin, il ne faisait rien ? Attitude qui permet d'en dire quelque chose, et de presque visualiser la scène (comme je puis me penser mort, pour voir), d'obtenir une image de l'Univers lorsque le temps n'existait pas. Toute cette cosmogonie est présente et à l'œuvre dans le mode ordinaire de constitution du « moindre » fait catégoriel[205]. Le propre du commencement est d'exclure tout commençant effectif, et cette aporie, loin de déconsidérer logiquement la question, détermine le protocole de sa possibilité. Car si la question du commencement (l'effectivité catégorielle de cette question) ne peut pas commencer, et si on peut en dire quelque chose, voire la négation de sa possibilité, c'est que la question du commencement est et caractérisable et constante en tout fait catégoriel. La question du commencement consiste en ce fait catégoriel quel qu'il soit. Le commencement est le fait logique que tout acte catégoriel exclut. Le moindre fait de sens effectué crée cet univers vide, avant le sens, que diverses cosmogonies évoquent[206]. Cet acte sacrificiel et dirimant est intrinsèque à l'effectuation quelconque du sens, nul sans effectuation catégorielle, au sens large caractérisé ici. Rien n'est avant qu'il ne soit dit « que ceci soit ». En même temps que se crée le néant où cet acte se produit. C'est l'acte ordinaire du moindre des sujets (« humains » par redondance). Ce n'est pas seulement l'œuvre de Nietzsche, c'est un simple éternuement qui coupe l'histoire humaine en deux.

Le commencement exclut de fait le vrai commençant. Le texte dont le projet est de déterminer en quoi un principe logique consiste doit accomplir cet acte d'exclusion. Ce qui peut se traduire dans une rhétorique de perte, comme la quête du vrai commencement. Ce qui exprime avec exactitude le fait que l'acte de sens est toujours à venir, et que ses déterminations actuelles ne sont pas anticipables. L'erreur logique se dit toujours entre guillemets, et sa positionnalité repose toujours sur les caractéristiques actuelles de l'acte de sens effectif et réel (réel seulement lorsqu'il a lieu). Mais s'il était concevable qu'un acte de sens fût la catégorisation de la condition première de possibilité du sens, (abrégé en « commencement ») c'est justement cet acte d'exclusion du « commencement vrai » qui initie le cours du sens effectué (plus exactement, s'effectuant).

Le vrai commençant est le fait logique quelconque, et la catégorisation de ce fait se fait par voie de double négation (je ne pense pas que je ne pense pas). Ou, en évoquant la question ontologique, et la détermination ontologique du logique (sous forme de règle) de rien on ne dira : ceci n'est rien, ceci est comme ne s'étant jamais dit.

Et même l'unique chose qui se dit, l'exclusion de l'autre sens (l'autre sujet, l'autre logique, attribuée souvent à l'esprit de Dieu) est exclusion de tout l'autre sens, et cet acte d'exclusion totale, créateur de la catégorialité d'un sens total, est dans la nature[207] de l'acte de sens[208].

Ce qui est ce en quoi consiste l'impossibilité intrinsèque à l'acte de méconnaître cette actualité de la possibilité d'un fait de sens sans limites ni déterminations (illustré par l'hypothèse de penser une substance sans modes ni accidents, lisible dans les « Méditations Métaphysiques »). On dirait presque, en paraphrasant, que l'absolu est pour le logique un fardeau inutile.

Ce qui relie le logique au logique est la constance de cet acte d'exclusion, qui est la positionnalité de l'absolu[209]. Ce qui ne se dit pas est de telle nature qu'il est nécessaire de toujours accomplir l'acte de ne pas le dire.

Le mode d'existence du commencement est la validité positionnelle. Qui s'actualise par double négation. « Ne pas nier ce qui nie, en s'accomplissant, le sens total indéterminé[210] (ni descriptible ni désignable en soi) » et qui est de fait indéniable. Et cette circonstance est irréductiblement inchoative[211].

Le mode d'existence de cet indésignable (plutôt inarticulable, comportant sa propre dénégation) est l'effectivité actuelle du « n'importe quoi », effectivement catégorisé avec la catégorialité actuellement effective. Car, relative au vide, nulle catégorialité ne s'accomplit dans le vide, et n'est catégorialité que de ce qui est. Autrement dit, ce « tout », exclu, est une chose. Ou encore, « de la chose », inépuisabilité du possible catégoriel effectif. Pour le sens, le réel est inépuisable, infini et éternel. Aussi longtemps et seulement aussi longtemps que quelque fait de sens s'effectue. Or, il n'y a pas de suspension dans l'acte de sens, et c'est en cette circonstance mécanique que consiste cette infinitude et cette éternité. Ainsi défini, le commencement effectif de la possibilité du sens commence toujours « en plein texte[212] », par figure. Serait-ce le texte en lequel consiste la négation de la validité catégorielle, ou la dénégation du texte qui existe.

Doute, conversion, illumination, purification, l'outillage de cette dénégation est étendu, et inépuisable. On peut concevoir le projet de devenir imbécile et stuporeux, pour se purifier de l'acquis logique, du sens déjà établi et constitué, comportement qui catégorise (en mode mimique) la non existence en soi de ce constitué logique. On peut même supposer un suicide en tant qu'instrument de cette entreprise. Et toutes les autres formes d'épuiser le vide logique illimité que tout accomplissement d'une forme limitée de la catégorialité produit. Même (et peut-être seulement) celle qui consiste en cette tentative de migration vers un vide absolu du sens.

Cet effet indéduit de l'occurrence catégorielle, qui exclut une totalité qui est une chose en tant qu'occurrence, comporte la possibilité de son annulation. Et autorise le projet de son annulation. Mais cet effet est l'acte de la totalité du sens effectuable, comme décrit plus haut. S'il n'est pas cette action constitutive et cause effective de la double négation exprimable par la formule (naïve) [non (nulle chose)] le fait logique n'est pas.

Que le fait logique s'effectuant ne comporte pas de position de totalité est la situation qui serait imaginable s'il y avait un moment situé juste avant ce travail d'effectuation. Isoler un fait logique, en tant que constitué singulier, atomique, autonome, est une des formes de réduction de la portée totalisante du fait logique. Et, au moyen de leur échec, ces attitudes sont des réitérations de la condition permanente de toute occurrence du logique, et le biais protocolaire à accomplir cette réitération.

La fabrication de ces objets représentatifs du moment qui précède le fait logique et sa portée totalisante va bon train, sauf que de les produire, cela entraîne l'échec même du projet. Ce qui correspond au mode ordinaire d'effectuation (locale et totalisante quant à une exclusion de toute autre fait actuellement possible) du fait logique, ou effectuation locale du sens[213]. Non anticipable et non déductible, on peut valablement stipuler que ce mode ordinaire d'accomplissement consiste toujours en un échec de l'impossible totalité actuelle. L'échec est le don du possible. Et par caricature anthropomorphique, le possible logique nous fait don de l'échec. Et en ce sens notre esprit fonctionne exactement comme celui du malin génie, et ne peut pas fonctionner mieux que ça.

Le paradoxe de ce commencement qui exclut le commençant, mais qui doit l'exclure, décrit le mode ordinaire et initial dont s'accomplit le fait logique, même celui qui ne se redouble pas en projet de quête d'un commencement ou principe du possible logique. Tout fait logique est un acte de survie à une sorte de néant logique totaliseur. L'alogique, la négativité absolue dans le domaine du sens, et son destin local, contingent et périssable, est l'événement constituant (un désastre, une fête, ou une simple méconnaissance) de tout fait de sens effectué. Cette circonstance constante peut être catégorisée au moyen de la description (voire implicite) d'un événement logique singulier qui l'expose spécifiquement.

Un terme représentera cette totalité (céleste, océanique, tellurique, spirituelle, charnelle) et son expression surgira dans une manifestation ou un récit de perte. Assorti si on veut d'un étalage - dans l'alacrité ou dans la mélancolie- de ce qui l'a repoussé dans l'inconnu. Être, Dieu, Amour, Sang, Vie, Terre, Univers, Moi, et ainsi de suite[214]. Ce qui apparaît en cette disparition est la perte non pas du commencement, mais du commencement du commencement, le commencement de tous les commencements, car l'incident (excluant) en quoi consiste le sens effectif est instrumentalement le commencement de l'acte de sens possible, mais non de la virtualité logique absolue qu'il pose, en l'excluant. Le fait de sens est un analogon instrumental de ce commencement premier.

Cette condition se représente par la mécanique de la quête, qui suppose une abolition absolue et locale du « sens qui se fait », qui libérerait la quête pour une exploration de la virtualité totale de sens que le sens réduit, et condamne au très local, matériel, phénoménal et indéductible effet de sens effectif, ou catégorialité actuelle. Ce domaine vide, par indétermination absolue, peut être localisé dans un avant, un après, ou dans une simultanéité parfaite au triste déroulement de la « doxa » terrestre, ou dans le travail borné de l'esprit « humain ». Ce commencement du commencement premier se représente par un analogon pris dans le récit de sa perte, et conçu pour convenir à ce récit. Si on imagine un Dieu, c'est justement pour le perdre. Ces représentations sont des tableaux du mode ordinaire dont le sens a lieu effectivement[215].

L'initialité d'un savoir (d'une « pensée » effectuée catégoriellement[216]) tient à la connaissance de cette condition irréductible du commencement tardif[217]. Tout constat de commencement (premier, valablement premier) est une rétrospection.

Mais c'est cet acte de rétrospection, nullement marginal, ni sur-volant, qui constitue alors le commencement tardif[218]. Le « non tardif » corrélé à ce commencement, à être effectué catégoriel-lement, est un commencement tardif. Le barrage protocolaire est un cliquet qui bloque la possibilité d'un reflux logique, et qui exerce toujours cette fonction, et qui doit l'exercer, car cet in-terdit de reflux est intrinsèque à l'acte qui le constitue[219].

L'aporie constitutive de ce modèle (démonstration, au sens de « monstration ») d'un texte dont la question unique est celle du commencement de droit du texte, objet catégoriel monstrueux s'il en est, mais dont la monstruosité exposée est la mission fondamentale, se résoudrait ainsi par l'évacuation (pure et simple, mécanique, chirurgicale) de la thèse qui prétend que penser le commencement du texte peut consister en un travail textuel[220].

En ce sens que dès qu'il eût été « le commençant », il serait déjà au-delà du commencement de son propre fait, ce qui est exclusif de la réalisation catégorielle d'un commencement, aussi premier soit-il.

Mais comment lire dans cette problématique cet objet catégoriel que le tout-venant (moi) appelle le « cogito » ? Il a été établi que le « je » qui dit « je pense » n'est pas le sujet de la proposition « je pense » mais le sujet qui énonce cette assertion « je pense », et que, de ce fait, il exclut toute possibilité de le poser « lui-même ». Il doit se faire représenter par le deuxième « je ». Mais cette exclusion du commençant requiert un commençant, condition dont la caricature littérale s'obtient par la substantivation de l'acte de « dire » [221] (avant[222] que cet acte ne se réduise au fait de « dire quelque chose », basse corvée infligée à la « doxa »).

Ainsi, quel que soit le fondement de la certitude (acte hypothétique, consistant à catégoriser un fondement de la pensée autre que protocolaire) exprimé comme commencement irréductible de ce qui peut se penser[223] (et même si cela est localisé à un moment supposé immédiatement antérieur à son inscription catégorielle[224], moment dont on pourrait avoir connaissance, un savoir indescriptible, exclusif de catégorialité) l'accomplissement catégoriel qui lui correspond l'exclut en tant que commencement.

Cet acte d'exclusion est constitutif de tout acte positionnel, au sens de « assertion d'existence de quelque chose en quelque mode que ce soit[225] » explicite ou implicite. Assertion protocolaire, car elle est en même temps acte d'existence d'un sujet[226]. En une formule (à l'emporte-pièce) il n'y a pas de dire avant le dire, même si, en droit, ce dire avant le dire eût dû être celui qui précède tout dire. Ce qui se dit ainsi, également : nul sujet ne peut accomplir un acte fondateur, car le sujet hypothétique d'un tel acte ne peut exister que dans la réalisation catégorielle d'un commençant effectif.

En des termes plus quotidiens, il n'existe rien d'humain avant le monde, quoi qu'on fasse. Le monde « avant » le logique n'existe pas. Ce qui peut se lire également en disant que tout se passe comme si la totalité possible du sens (la formation effective du sensé) avant déjà eu lieu. Rien n'est « non sens », donc « tout est sens ».

Ce qui différencie cette description du simple constat d'un état de fait, ou illustration d'un mode d'être, sur lequel on peut affirmer un grand pas en avant, consiste en ceci que cette limite, comme toute limite (et absolue et protocolaire) est quelque chose qui se passe[227]. Ainsi peut-on dire avec certitude (certitude privative et protocolaire) que même un mot, même dans l'instantanéité de la perception d'une chose écrite, ne pourra jamais exister. Nul n'a jamais lu un mot. En ce sens du moins que le lire lui ôte la qualité d'être terminalement un mot. Cet objet paradoxal, par exemple le mot étalé au milieu d'une page est la forme effective et spécifique de sa propre disparition. Laquelle, comme tout, est une chose, et comme toute chose, est une chose logique. À la *disparition élocutoire du poète* répond la disparition non moins élocutoire de l'écrit.[228]

Cette disparition consistant en le mode d'existence d'une formation catégorielle effective quelconque est le mode constant de constitution du logique.[229] « L'écrit » représente ici la formation catégorielle quelconque, ou la chose logique, « verbale » ou non.

En empruntant (furtivement) une terminologie extrinsèque, ce domaine de la totalité du logique que son commencement réel rejette, consisterait en « la chose en soi », le noumène, le « déploiement » de l'être en son lieu qui plus est (et comment faire, sans de l'étant, même s'il s'agit d'une marmite, même une « belle marmite »), le savoir universel, systématique, absolu, voire l'esprit de Dieu (affranchi de réalité actuelle).

La positionnalité de cette sorte de désert du sens, qui existe par son exclusion contingente, occurrente, tardive, illicite, consiste en cet épisode fondamental malgré tout et malgré lui que toute chose logique se constitue de l'exclusion mécanique, protocolaire, occurrente, relativement aléatoire[230] d'un « tout » du sens[231].

Le commencement a lieu sous une forme d'imposture, d'usurpation d'identité. Le commençant est un commencement indu. Ceci est une certitude privative, d'une sorte d'impossibilité par excès de possible. Ce qui se traduit tout simplement en disant qu'il existe un acte logique. De cette certitude tout s'ensuit.

Et si cette certitude est constitutive de l'acte positionnel quelconque, alors, non seulement le paradoxe est autre chose qu'un paradoxe, mais « l'issue ».

Laquelle, loin d'être rétroactive, et consistant à « réparer le dégât logique » par la destruction de ce commençant indu, afin que la machine logique redémarre et aille plus loin, consiste tout simplement en la possibilité de ne pas méconnaître, logiquement, le champ tout entier postulé lors d'une position valide, et qui se répercute dans l'intérieur du travail le plus local de la positionnalité[232].

L'aporie du commencement sans commençant se résout ainsi, par l'impossibilité de réparer ce dégât infligé à une représentation (qui peut être gestuelle, iconique, fétichiste, et selon toute autre forme de catégorialité « non verbale ») de l'intégralité du sens. Par l'incapacité protocolaire (« d'un sujet », en le disant mal) d'éviter ce conflit aporétique, et de ne pas exécuter l'opération effective qui est son incarnation logique. L'acte logique ne sera jamais un rapatriement dans la totalité du sens effectuable.

Par figure, ceci peut se dire du sujet. Lequel, en son acte logique, vit nécessairement la souffrance corrélée à ce rejet. Voilà pourquoi nous parlons tant. Voilà pourquoi nous parlons. Ce qui ajoute du désastre au désastre, et de la fondation à la fondation. Même si une assertion était première, fondement de tout le possible logique qui peut s'effectuer, ce serait encore une erreur syntaxique, une faute de frappe, une suppléance transitoire. Comme la totalité de tout le sens qui n'aura jamais été effectué, quand ce sera fini.

Mais un tel acte ne sera jamais moins. Quoi qu'on fasse. Car un commencement unique et (par conséquent, et de cette manière) absolu est ce qui est constamment frappé de rejet unique, déterminé en toute occurrence catégorielle. De la plus noble (Comme dire « l'être est », ou « je pense je suis » ?) à la plus frustre (l'instant terminal du râle d'agonie ?). C'est ce qui se passe lorsqu'une occurrence catégorielle quelconque a lieu. L'aporie du texte qui se soucie du commencement (légal) de tout texte se résout par l'abandon de l'hypothèse qu'un tel commencement peut, un seul instant, et en n'importe quel texte[233], ne pas être.

Supposition de ce qui ne peut pas ne pas être, qui peut être cependant, et même qui ne peut pas ne pas être, ne fût-ce qu'un seul instant. Autrement dit, la légitimité positionnelle de cette supposition consiste en ce qu'elle est la traduction du fait qu'une telle circonstance fondatrice ne se déduit pas et ne s'anticipe pas. De cette sorte, cela est en permanence comme n'étant pas. Une inexistence nommée, déterminée, descriptible. Cette détermination catégorielle est ce en quoi consiste le fait catégoriel ordinaire. L'aporie et sa résolution consistent en un même fait. Ce qui serai inconcevable, c'eût été une aporie suivie de sa résolution. Le paradoxe du commençant qui exclut le commencement[234] signifie que c'est un « tout » du logique qui subit cette exclusion, laquelle préserve l'existence constante de ce « tout ».

Par parodie, on peut dire que n'importe quelle effectivité catégorielle est l'accomplissement stellaire et océanique du sens, même se moucher. Le sens enferme le sens, à cette trans-cendance opératoire près, qui consiste en ceci que le sens est toujours quelque accomplissement de ce qui a sens. « Avoir sens » signifie que toute chose se montre[235].

Cette aporie est donc fonctionnellement nécessaire, et sa résolution toujours concevable comme une imminence pour laquelle son accomplissement imaginaire la transformerait de nouveau en « simple imminence » requérant pour exister ce qui justement en contrarie la réalisation[236].

La nécessité de cette occurrence est d'ordre mécanique. Elle consiste seulement en l'impossibilité protocolaire de reve-nir en arrière, de rebrousser chemin, de retourner en ce moment où la totalité virtuelle d'un accomplissement du sens n'avait pas encore été évincée par son occurrence effective relativement[237] aléatoire. On peut utiliser ici le récit qui décrirait la réussite de cette opération de recul, qui n'aurait pas de réalité si elle ne con-duisait pas à recommencer de nouveau l'effectuation la consé-quence logique, au moyen d'un exploit local, matériel, aléatoire, et dirimant quant à la totalité virtuelle de l'accomplissement du sens.

Cet incident lacunaire est donc intrinsèque à l'occur-rence logique matérielle, contingente et relativement aléatoire. En clair, la manifestation catégorielle en quoi consiste une chose quelconque, si elle apparaît.

Le vide logique est la seule catégorisation possible de ce moment où la totalité survivrait encore à l'effectuation locale, et son insistance est intrinsèque à l'acte catégoriel effectif. Une effectuation catégorielle qui consisterait en l'annulation ou le report de l'effectuation catégorielle. Ce qui est modalité rhétorique d'exposer la nullité de cette annulation.

Ce vide logique est la maison du dieu. Le tout-exclu.

C'est en étant exclusion de tout le logique, (chose qu'il est impossible de catégoriser, sauf par le biais de la catégorisation, niée, de cette même impossibilité. Ce qui tourne autour de termes comme « dieu », « l'être » et toute autre chose à laquelle vous voudrez assigner cette signification) que le fait logique quelconque (déterminé selon la fiction de la possibilité de l'isoler, désigner, caractériser, sans le frapper de péremption au profit de ce travail d'identification. Ce qui s'exprime dans la règle « il n'y a pas de catégorisation du catégorisé ») est le commencement d'une réalité désignable comme « tout le sens ». Chose qui de cette façon ne peut pas ne pas exister. Il est impossible de réussir son annulation par un moyen logique, en ce sens que toute occurrence du logique opère une telle annulation. Comme l'esprit de Dieu, l'acte logique flotte au-dessus d'un abîme. L'acte de sens est épiphyte et se développe sur sa propre disparition.

La valeur inchoative[238] d'une effectuation de sens[239], quelconque, consiste en sa validité positionnelle. Causalité logique strictement immanente, qui fait penser à la séquentialité de la cause, décrite par Descartes dans la Troisième Méditation[240]. À cette différence près que cette succession de commencements même conçue en mode remontant ne parvient pas à un commencement transcendant. Chaque commencement est commencement de tout. Pour qu'il y ait quelque chose il faut qu'il y ait quelque chose, ceci en ce qui nous concerne, nous, sujet logique[241]. Que cela existe ou non.

On peut dire même que le logique est ce travail inchoatif, sans en-deçà ni au-delà transcendants. On peut dire que le logique est, en agissant[242]. Le domaine de la transcendance consiste uniquement en ce néant spécifique du logique. Relativement au domaine du logique, imaginé comme un texte unique englobant toutes les manifestations logiques, ce néant serait son unique contre-texte. Et, en ce sens, le néant logique est lisible.

Cette superposition détermine le mode d'existence du fait logique. Par redondance (presque ridicule), on pourrait ajouter « actuel » à la désignation de : fait logique'[243]. Se produisant à même l'inexistence de tout logique, que sa propre inexistence entraînerait immédiatement, le fait logique est un phénomène de marge. Relativement à ce néant logique total simultané de sa constitution, et à sa propre effectuation, aussitôt perdue.

L'acte de sens est un retour sur sa propre effectivité, et une exclusion locale et actuelle de la totalité hypothétique[244] du sens effectué. C'est en ce sens que l'acte conceptuel ne peut être que retour sur sa propre effectivité. Pas lu, pas pris : c'est-à-dire que tout acte logique est lecture de ce qui se constitue effectivement en tant qu'acte logique. En quelque sorte, activation du substrat effectif qui le génère. Le résultat de cette lecture est le substrat effectif d'une lecture. Substrat immanent et occurrent. Si ces deux entités (la totalité effectuée du sens et l'acte de sens effectif, dernier en date de la suite des actes de sens) existaient en elles-mêmes[245], on peut statuer en toute certitude privative, et en utilisant une métaphore, que nulle pensée, nul acte catégoriel ne pourrait jamais « y pénétrer » sans le changer en fait logique actuel, occurrent, itératif.

Il existe tout une fabrique de méthodes et de procédures pour obtenir un tel effet, qui se réduisent à la tentation de faire en sorte que ce que l'on fait (cette transformation en fait logique actuel et de la totalité hypothétique du sens effectué, et du fait logique effectivement accompli) ne soit rien. Affirmer, en le créant, qu'un acte catégoriel défini n'est rien. On en remplit des traités, et des bibliothèques. Ce précepte privatif est d'ordre rigoureusement protocolaire. C'est le fait logique lui-même effectué que l'on perd en l'effectuant, et transforme en substrat de cette perte. Même si on se bornait à relire interminablement le même propos. Comme si l'acte logique avait deux sources. Cette totalité qu'il remplace, et cet en-deçà en lequel il consiste.

Ainsi la production du logique ne peut cesser qu'en totalité. Il y a toujours un fer au feu, un pain dans le four, un effet catégoriel à relire. C'est, du moins, ce qui peut se penser. Cette requête de la catégorialité effective ne subit pas de restriction, et le manque du travail logique local et constituant est inépuisable. Ou pensable seulement comme étant inépuisable. Ou alors, non pensé.

La seule inexistence de sens qui est réelle dans le logique est un épisode de sens. Catégoriellement incarné. C'est ce en quoi consiste le mode ordinaire d'existence de la catégorialité. Cette circonstance exclut la possibilité qu'il y ait et sujet et acte logique fondateur imputé au sujet. Mais c'est également ce en quoi consiste le fait de la fondation, opératoire, protocolaire.

Ni ponctuelle, ni constante ni séquentielle, du moins conformément à la possibilité catégorielle (ou positionnalité de l'acte de désigner et de décrire ces trois modes d'être de l'incident fondateur) ce fait de fondation (occurrence matérielle) n'est pas la fondation d'un logique à partir de lui, même si cette successivité se déterminait par l'existence d'un intervalle infiniment réduit, plus réduit que tout intervalle aussi réduit fût-il. Ni la

fondation d'un passé conceptuel (l'illusion, le sommeil dogma-
tique, les croyances susceptibles d'être révoquées en doute, la
vie peccamineuse, l'hérésie, et ainsi de suite) entièrement re-
pensé à partir de la découverte d'une détermination fondatrice
quelconque, vraie ou fasse, valable ou non valable, conceptuelle, délirante, mythologique, mystique, c'est le même pour ce
qui concerne la question ici traitée. Ni formation en marge et
simultanée quant au déroulement des faits logiques dont cela
serait la fondation. Fondation de rien, en quelque sorte. Mais
accomplissement d'une convenance nécessaire à tout ce qui peut
se produire comme étant un fait logique (de nature catégorielle
et protocolaire). C'est le mode lacunaire de l'existence de la totalité, définissable par la négation suivante, « totalité qui n'est
pas totalité moins un fait », plus succinctement « pas un fait en
moins ».

 Malgré les tentatives de « fonder avant que le fondé
soit », suivies de l'entreprise de refaire le fondé en raison de la
fondation, sous forme d'un commencement, celui-ci requérant
l'annulation de ce qu'il fut avant la fondation. Mais l'acte d'annulation est intrinsèquement irréversible, et la tentative de la
conserver en produisant de l'annulé non annulé est interminable.
Sauf lorsque, même indirectement, cette opération consiste seulement à annuler catégoriellement l'annulation.[246] Ainsi des

discours existent-ils qui ne sont autre chose qu'un (intermi-nable) dédit.

L'échec à fonder est échec fondateur. La fondation oc-currente et protocolaire[247] qui est ce en quoi consiste la réalité du logique est ainsi transgression de l'impossible. Exemption restreinte et locale d'un échec qualitativement absolu et quanti-tativement global du dessein de fonder. Le possible ne peut être autre chose, l'impossible étant premier. Le « dessein de fonder » est intrinsèque à l'acte de sens quelconque, même très utilitaire et ordinaire, par exemple se gratter[248]. C'est un dessein consti-tuant et immanent au « quelque sens qui se produit ».

La condamnation logique consiste donc en ce fait que il y a un commençant qui a déjà agît en tant que fondateur du sens, et que ce commençant est venu à la place de tout commence-ment dûment fondé (par exemple, l'hypothèses historiquement bien connue « Il est vrai que je peux dire valablement que je ne peux pas dire que je ne suis rien, si je le dis, quand je le dis, et parce que je le dis ») et avant un commencement qui provien-drait de son annulation. Mieux, annulation de son inexistence, annulation du vide logique absolu en quoi consisterait la dispa-rition de l'occurrence actuelle du sens, la chose (catégorielle) quelconque. La catégorialité du sens est contradictoire à un commencement absolu, à un acte d'identification d'une pensée première. Même réduite à une désignation, à un terme dont la description (en intension) est inarticulable. Au choix, ou tous en même temps, Dieu, l'Être en tant qu'Être, moi en tant que chose qui pense.

Le commençant en ce sens n'est pas le commencement, s'il est de nature catégorielle (même le cri, même la râle du mourant), mais ce fait de ne pas être le commencement est ce qu'il devient, étant. Toute chose doit être selon cette circonstance, un « devenir non commençant ». Cette opération du logique est la positionnalité de la nullité originelle du sens, toujours présente dans le mode de constitution du fait de sens quelconque. Une sorte de mort, relativement à cette circonstance (simple hypothèse, quant à laquelle le propos qui la nie est lui-même auto déniant, autrement dit inarticulable[249]).

Pour toute chose il faut une chose. Pour que ce qui se passe comme étant l'accomplissement effectif d'un fait de sens, il faut une chose. Une catégorialité matérielle est requise autant pour que le possible soit possible que pour que l'impossible soit impossible. Il n'existe par de juridiction externe. Juger est produire. « Penser » désigne la réalité catégorielle d'une chose.

On pourrait avancer (plutôt que « conclure ») qu'il y a une chose, et qu'en ce fait consiste le commencement absolu de la possibilité effectuée du sens. Mais si une chose n'existe qu'en mode protocolaire, par un acte catégoriel, cet acte catégoriel n'agît pas selon l'image d'une production artisanale ou industrielle, (selon la description superficielle de cette production, c'est-à-dire articulée mais non lue) qui, ayant opéré, cesse son effet, sans préjudice de la pérennité de son produit. Si le fait catégoriel existe selon un acte et une raison (il est donc de nature protocolaire) il est sans permanence. Il disparaît en agissant. C'est *un aboli bibelot d'inanité sonore*. Mais il faut une chose et il faut un acte logique pour que cette disparition soit un fait. Par figure, c'est comme si le silence parlait, silence qui est le nom de l'inexistence de sens (« effectué » par redondance). Cette disparition de la chose qui requiert une chose est le récit du fait que, pour autant que quelqu'un peut en savoir quelque chose, il n'y a pas de suspension dans l'effectivité catégorielle (« du sens » par redondance[250]) et que cette suspension est un fait, et même un fait quelconque. Même le mort est une chose logique, et nous ne pouvons pas puiser en son silence une bribe de suspension du sens. Cette matérialité de la disparition de la réalité matérielle en quoi consiste l'effectivité du sens, cette chose qui en existant est le commencement absolu de la réalité du sens est un cas local et protocolaire de la non suspension.

Cette circonstance nous condamnerait à un inconcevable « ponctualisme », si cette suspension était, à l'inverse de l'accomplissement effectif local, une chose qui se pense en termes de pérennité, d'autonomie, de persistance en son identité.

La suspension qui se pense en tant que telle est, comme toute chose, une chose dont l'acte fondateur (ou historique) est de consister en la non-suspension. Si on peut expérimenter logiquement la non suspension, et même la catégoriser, elle est exclusive de déductibilité, d'anticipation, et de pérennisation. En un vocabulaire hétérogène, il n'est pas incongru de dire que seul cette suspension, ce « nul sens » est la réalité logique substantielle. Une et non fractionnable. Cette lacunarité est le seul mode d'existence de ce que l'on désignerait, indûment[251], la totalité du sens possible. Et, relativement à ce mode d'existence, une réalité exclusive d'annulation.

Autrement dit la suspension de l'effectuation catégorielle du sens est réelle sous forme d'incident de non suspension, mais indéfinissable en tant que telle[252]. Il en résulte ceci, que la totalité des faits logiques possibles et impossibles, articulables et inarticulables qu'exclut localement le fait logique actuellement effectif sont d'une part indéterminés sauf en raison du fait qui les exclut (ils sont l'exclu spécifique du fait logique actuel) et illimités, sauf par cette soustraction actuelle et occurrente en quoi consiste le fait logique actuellement effectif[253], qui conduirait à décrire la totalité du sens possible effectuable comme « tout le sens moins un fait » [254]. Qui peut consister à énoncer un nom de la totalité. Pour ne pas nous étendre dans la recherche d'exemples, bornons-nous à utiliser ici « l'esprit de Dieu » comme l'un des noms de la totalité logique. Qu'il puisse y avoir un terme pour désigner le vide logique, et que ce vide logique soit une chose réelle acquiert sa positionnalité[255] en ce fait ordinaire de l'accomplissement du logique, qui consiste en ceci que le cas logique a lieu malgré sa disparition catégorielle. Cette disparition catégorielle est un cas logique. Le fait logique est donc en vertu d'une exemption circonstanciée d'inexistence Et toute inexistence n'est pas permise, mais seulement celle que le cas logique périme. Cet acte de péremption d'une totalité imminente de lacune logique est la positionnalité (ou « explique le fait que… ») de l'invention d'une fonction inchoative absolue (un principe conceptuel quelconque, érudit ou banal, vrai ou faux), qui redouble (ou « sur-catégorise »)[256] cet acte de transcendance mécanique, locale, protocolaire en quoi consiste la constitution actuelle de toute catégorialité. L'impossibilité de déterminer valablement ce principe inchoatif consiste en ceci que toute chose est une fonction inchoative absolue. Même dans le cas où c'est ce vide lui-même qui est investit d'inchoativité absolue. Comme le silence de l'homme qui veut décrire le dieu, comme le silence, exprimé, mis en musique, chantée, de l'homme qui veut parler de l'être en tant qu'être. Il serait nécessaire que ce vide ait une existence logique, par un autre moyen que l'inexistence absolue de tout logique, y compris celui qui consiste en la mention de cette inexistence. Ce qui n'exclue pas la valeur conceptuelle de tout jeu poétique ou artistique qui se joue à l'intérieur de cette question. Le vide logique fait penser. C'est même le mode ordinaire dont la pensée se produit. Et on ne manquera jamais de vide.

C'est en ce même lieu protocolaire (ou « contexte d'action ») si la figure d'un « lieu » ne supposait pas un contenant à remplir, que se déroule tout ce qui a trait à l'acte logique. À condition de ne pas l'hypostasier, car sa réalité catégorielle se réduit à la circonstance mécanique et protocolaire de la non suspension effectivement advenue. C'est ainsi que la plus banale des catégorialités, cette canette de bière écrasée sur le bitume, est risque d'insensée et requête de sens. C'est le terme accidentel de la liberté logique, laquelle est une forme de catégoriser le vide logique. Et une chose est toujours requise si cet aboutissement doit advenir. Et une imminence de vide logique est requise pour que cette catégorialité occurrente et relativement aléatoire (nullement aléatoire si on remontait à un premier terme dans la série protocolairement enchaînée des occurrences logiques) remplisse cette fonction rédemptrice.

À l'hypostasier, on reconnaît ici la raison eschatologique et la cause de la gratuité foncière de l'acte de sens, ou la liberté messianique de l'esprit. D'autres fictions pourraient venir encore se greffer en cette circonstance. D'innombrables fictions. Eschatologie mécanique, car en toute chose on pourrait repérer l'expression du désir propre au monde, désir de « parvenir au sens ». Ce qui n'exprime rien d'autre que la transcendance, la valeur « trans-ontologique » en quoi consiste la moindre catégorialité.

Cette illusion est première et indélébile. Tout accomplissement conceptuel est un avatar de cette illusion d'absolue indétermination (donc de liberté) logique initiale. Plus proprement cela consiste en une incarnation de l'illusion première, dont l'existence consiste en cette incarnation.

Ce qui autorise à croire qu'il est possible (suivant la définition de la positionnalité de l'impossible) de revenir en arrière, juste en arrière[257], afin de recouvrer ce moment de gratuité catégorielle[258].

On pourrait dire par conséquent que l'impossible, on le manque de peu. Ce « peu » est tout le sens effectuable. Cette perte est également un travail, plutôt qu'un état de fait durant par lui-même. Travail interminable, exclusif de productivité séquentielle ou marginale, parce qu'il n'aura jamais pu commencer.

Cet incipit de l'impossible demanderait un inventaire, une nomenclature étendue de *l'absente de tout bouquet*[259]. Dont l'un des plus fameux est certainement le mot « Dieu », que l'on caractérise d'ordinaire en énonçant qu'il est exclusif de toute énonciation[260].

Ce « moment de gratuité logique » où tout peut se dire requerrait un retour au premier exploit logique de toutes les séries et de tous les réseaux de tous les exploits logiques si cette chose pouvait se concevoir. Si un sujet logique (existant en dehors de toute effectuation de sens !) pouvait franchir le moment initial de cette série, vers ce qui le précède immédiatement. Et l'acte catégoriel « libre » que librement (sans le savoir) il aurait accompli refermerait de nouveau toutes les séries et séries de séries et réseaux de réseaux de la catégorialité dans la même détermination.

Cette circonstance inconçue[261] est compatible avec une représentation catégorielle, constitutive de la fiction logique. La négation de l'auto dénégation va pouvoir constituer une quête, un discours, un travail catégoriel illimité. Ce produit devant lui-même s'anéantir, pour aboutir au recouvrement de ce que le terme voulu initial (Dieu, je, l'être) devienne surmontable vers le néant logique qui le précède. Utilisez Dieu[262], c'est « standard ». Mais utilisez tout ce que vous voudrez. Utilisez votre chat. Opération qui en quelque sorte va « ajouter du logique au logique » et accréditer le destin du logique, qui est d'être perpétuellement et exclusivement productif[263].

Ce travail de recouvrement de ce qui précède tout commencement effectif est l'histoire protocolaire du commencement effectif. Tel que cela a manqué être, en raison de son effectuation même. L'image séquentielle, naïve (voire infantile) ou élaborée (voire mathématique) induit la supposition d'un mouvement initial (terminal pour la séquence accomplie) allant de zéro jusqu'à un, et ensuite de « un » à « un plus un ». Une pénétration dans un vide logique, rempli ou converti, en tout cas pour ainsi dire « envahi » et « conquis ».

Or, cet intervalle imaginaire (intervalle epsilon déjà mentionné) si cela existe, sous forme d'existence logique, cela est une catégorialité effective[264] (« pour quelqu'un », et de ce fait « par quelqu'un » [265]). Cette catégorialité de l'espace vide provient de la non suspension du fait logique, non suspension qui s'applique à sa propre durée de vie.

Le logique ne s'interrompt pas pour qu'un fait logique perdure en dehors de toute production catégorielle actuelle. Cette progression consiste donc en un acte de recouvrement du possible logique illimité, et de l'appropriation de la totalité de sens effectuable que l'effectué a proscrit. C'est en raison de cette totalité vide (inoccupée serait plus proche d'une description ré-aliste) que la quête de recouvrement du sens qu'amoindrit la ca-tégorialité actuelle est possible. En d'autres termes, c'est là sa positionnalité (terme qui réfère l'immanence du possible). Cette lacunarité absolue est pour ainsi dire la table de travail du fai-seur de sens (et même sa paillasse de laboratoire). Son *sol*, en termes d'horticulture[266]. Cette requête peut être purement technique, mais également passionnelle. Comme si la prématurité du possible était une injustice commise contre le sens.

Le discours non pas faux, mais accomplisseur de l'inconçu, consiste donc en une lutte contre cette prématurité effective de l'advenue du sens (au sens de « concrétisation », « matérialisation », « effectuation »). Cette lutte est de nature catégorielle, et va être ce en quoi consiste cette matérialité prématurée. Ou « qu'il y ait chose ». La positionnalité de cette lutte[267] est la discontinuité imminente du logique, dont la positionnalité à son tour consiste en la « non automaticité » ou la non autonomie du processus de constitution de l'effet logique.

Même nécessaire, il fait toujours le faire (que quelqu'un le fasse. Ou, en mallarméen, « Un, quelconque »). Pour l'éternité, c'est-à-dire pour le temps que ça dure et pas plus. Ce qu'exprime la notion de non déductibilité du possible. L'impossibilité de localiser le vide qui réaliserait cette discontinuité, dans l'articulation d'une séquence quelconque[268] en constitue la permanence, simultanée à l'accomplissement du fait logique.

L'apparente gratuité d'une « entrée en matière[269] » requiert un remboursement interminable. Y compris rétrospectif. Équivalent (dénégateur) de l'attestation du fait que cela n'a pas été dit. La question « dit-on le présent ? » permet de mieux comprendre en quoi consiste cette vicissitude qui affecte l'effectivité catégorielle du sens. Ce qui correspond encore à la question : dit-on ce qui n'est pas un « dire » ? ou encore : y a-t-il (pour nous) une chose qui ne soit pas une catégorialité ? Et si cela existe, comment le savons-nous ? Et comment recouvrons-nous la chose telle qu'elle était juste avant d'être un fait catégoriel ? On n'en a jamais fini, car le vide logique[270] persiste.

Cette impossibilité d'un acte logique terminal, terminal dans toutes les directions imaginaires de la terminalité, illustrée par une frontière (une paroi) précédente, une frontière ultérieure, une frontière simultanée, est une réalité logique effective. C'est ainsi que l'inconçu se dit. L'attestation, circonstanciée, détaillée, argumentée d'inconcevabilité d'un discours est un discours.

C'est ainsi que des textes se produisent, à même l'impossibilité de dire. Ce qui n'entraîne pas un « devoir de taire ». Car « taire », en ce domaine, est un fait logique réel si et seulement si cela se dit. Dans le domaine du logique, même « taire » c'est dire. Le sens est une sorte de condamnation à vie. Parce que nous n'y sommes pas encore, et cela est l'unique manière (inévitable) d'y être. N'en déplaise à Descartes, nous sommes fous.

Que le sens soit une fatalité n'entraîne pas qu'il soit gratuit. Car le vrai (le fait de sens énoncé et non contradictoire à sa propre énonciation) n'existe que quand il se produit dans un travail catégoriel. Ce qui vaut pour tout, même pour la plus ir-réductible des tautologies.

Le but de certains discours est tout simplement d'exister malgré leur impossibilité. Dire l'impossibilité de dire quelque chose requiert déjà que cette chose soit identifiée, ce qui en constitue déjà l'auto dénégation. La rhétorique de cette entre-prise (paradoxes, contradictions, oxymores, etc.) mériterait une étude particulière. D'autant qu'elle peut être la cause de millions d'assassinats, sans parler de l'imbécilisation de peuples en-tiers[271].

Si on pouvait concevoir un « discours impossible de l'impossible » produit à partir de l'épuisement terminal d'une positionnalité quelconque (ou d'une saturation locale d'un pos-sible catégoriel, ou « une chose dite sans que cela se dise ») c'est ce discours impossible qui empêcherait ce même discours impossible d'être ce qu'il prétend être.

Énoncez un terme (catégorialité terminale et non déri-vée) cette énonciation même empêchera que sa terminalité se soit accomplie. Car l'accomplissement se dit, ou alors il n'est rien.

Par figure, illustrative, le sens doit commencer par la destruction locale de son propre vide, et ceci est une nécessité. Cet acte est requis même pour ce qui découle du sens effectué, comme une suite ou une conséquence. C'est le travail du sens, qui crée le lieu logique où le sens a lieu.

C'est une opération de retardement, qui n'est pas anticipable et qui semble donc inopportune et non requise, sauf si on pense son inexistence, car cela la fait exister.

On peut la déléguer à une réalité logique tellement saturée de sens (une substance sans modes ni accidents, dieu ou être) qu'elle en est exclusive de tout manque, et se caractérise par cette saturation. Encore faut-il pouvoir la dire, montrer, en savoir quelque chose. Ce qui siffle la fin de la récréation. On dit le vide.

Avec cet échec on a produit des œuvres et rempli des bibliothèques. Car même en utilisant la mort l'impossible n'est jamais sûr.

Dix-septième proposition *(série 3 n°5)*
Le vide générateur

L'acte logique prescrit sa propre précession, de la plus
proche à la plus lointaine y compris celle en laquelle il consiste.

Supposons qu'un sens matériellement effectué est un objet réel et complet (et en tenant compte du fait que toute matérialité est une catégorisation, et que réciproquement il n'y a pas de catégorialité sans quelque matérialité).

La complétude de fait provient de l'interruption. Ce qui nous rappelle la fonction logique du constat qu'il y a une chose, et qu'il y a d'autres choses, dans le Méditations Métaphysiques, et la résolution méthodologique de Freud, relativement au rêve réel (pertinent dans l'opération de déchiffrage), et qui consiste en un art de considérer complet, et de ce fait en un art de considérer existant.[272]

Ce qui clôt la lecture possible (ou « série conséquente du possible catégorisé ») est l'inaccessibilité d'un vrai (articulable vérifiable répétable) vide terminal. Cette impossibilité est un fait, une réalité protocolaire. Ce vide, dont la positionnalité est cet interdit d'y accéder (l'expérience, énonçable, de cette impossibilité) est la raison du possible protocolaire.

Cette interruption (et le type d'identification et de description qui s'y rapportent est indifférent), même si elle est protocolairement nécessaire (ou « pragmatiquement inévitable ») doit en plus être un acte : un acte de sens, un accomplissement catégoriel. Lequel est ce en quoi consiste <u>faire exister</u>.

S'il était possible de ne pas interrompre, ou d'interrompre par un achèvement indépassable, aucun fait logique ne se produirait. Ce qui est peut-être le fait, sauf si on ne peut pas le dire. Et ce qui ne peut pas se dire se réduit à cet avatar de l'objet logique

La positionnalité (ou passivité radicale du sujet relativement à la constitution actuelle de la chose logique) s'exprime en disant que le fait logique quelconque est un cas de positionnalité ou n'est rien. La <u>forme</u> de la positionnalité (le cas, daté et singulier) constitue la forme (occurrente, circonstanciée, locale) de l'interruption quelle qu'elle soit.

À confronter avec l'hypothèse de la 'non interruption', aboutissement absolu ou éternité, que le fait de penser annule.

L'interrompu est la <u>forme de</u> la positionnalité qui lui convient. Équivalent exact de position.

Il y a équivalence entre la positionnalité d'un objet logique et le fait de sa disparition. Cette convenance (entre objet et positionnalité) est par la force des choses (du protocole catégoriel) initiale ou « de principe ».

Initiale et sûre, en ce sens que s'il n'y a pas convenance entre l'objet constitué et sa positionnalité spécifique, cet objet ne sera pas. Cette adéquation existe si elle se réalise, autrement dit, elle n'est valable qu'en bout de course, ou à la fin, ou lors de la disparition articulée de cet objet. C'est donc une condition absolue, mais relevant d'un absolu de fait, mécanique, circonstanciel, protocolaire. En ce sens, l'objet logique est selon l'interruption, et déterminé comme la forme spécifique de cette interruption. Qui doit avoir la forme d'un anéantissement spécifique. Ce qui ne suppose pas que de ce fait on puisse parvenir au néant logique. Cette disparition est strictement protocolaire. On pourrait parler de « prolongation autonome », si une prolongation était concevable. La durée du sens est protocolaire et continue.

Le commencement valable est une conversion du vide terminal, qui correspond à la nécessité pour tout objet catégoriel de se constituer de nouveau (il n'existe pas d'une manière autonome par rapport à la condition protocolaire, même s'il est forgé ad hoc). Si l'immanence est une réalité logique, elle est une réalité protocolaire.

Autrement dit, il n'y a pas d'immanence mais acte d'immanentisation, toujours à refaire. Une « re-immanentisation ». Ce que dirait plus abruptement le terme de « non dépassement ». Mais en tant qu'acte. Ou le rejet effectif de la « position en plus ». Rejetée si accomplie et en raison de cet accomplissement.

Cette lacune mécanique, cette tautologie protocolaire, institue la raison du possible logique comme « raison privative ». Ou plus simplement le manque (vécu) de lieu trans-protocolaire, situation triviale qu'il importe de considérer indépassable. Ce lieu trans-protocolaire est bien entendu indescriptible, (ou alors sa description est inarticulable) car ce serait en ce moment que l'anticipé existerait pendant l'anticipation et seulement pendant l'anticipation, et le déduit existerait pendant et seulement pendant l'acte déducteur.

Cette troncature, vécue, est ce en quoi consiste la réduction absolue au local, la réduction à l'immanence locale. En d'autres termes, on ne dépasse pas le « douteux », on repère sa soumission à la raison ontologique de la raison logique. Et on y reste.

Cette troncature protocolaire instaure radicalement tout contenu catégoriel comme le fait interrupteur de sa propre conséquence progressive. Le rejet de fait de ce vide final est une contrainte absolue pour la constitution du fait catégoriel. Articulation protocolaire qui produit sa propre cause, la matérialité catégorielle qui sous-tend. Et qui produit, par ce biais, tout le domaine du possible logique, si ta l'interruption nt est que pour se constituer le sens effectué requiert qu'une chose existe.

Cette chose est requise, ainsi que son destin abrogatif. Car le logique se produit dans le logique, et nullement juste avant, ni juste après, ni à côté. Il ne peut pas exister (pour l'exercice du logique du moins) un après, post protocolaire, comme il en irait de la transition de la position de « l'esprit humain », limité, à l'esprit illimité, ou Dieu[273]. L'erreur, ici, (ou la positionnalité de l'impossible) consiste en cette condition à quoi est soumis ce moment matériel de la pratique conceptuelle, qui requiert la chose déniée pour opérer sa dénégation.

Cette chose déniée peut se désigner par le terme « Dieu » ou l'esprit absolument illimité, mais également par le livre enfermé dans la bibliothèque que nul n'est en train de lire, et même des pages de ce livre qui ne sont pas actuellement lues. Fondement d'une fiction de l'être logique autonome, affranchi de toute condition protocolaire, ayant l'inexistence de cette pratique du sens comme condition de possibilité, abrogative. Objet de désir logique apte à produire des massacres. Le logique est désir et déception parce que sa condition de possibilité est privative.

L'effet de commencement est de cette façon une qualité implicite de tout fait de sens effectué, quel qu'il soit, et aussi insignifiant qu'il paraisse. Il détermine le mode spécifique dont l'alternative « être ou non » réitère sa résolution en « [ne pas (ne pas être)] », et la validité permanente de la deuxième possibilité (sauf que nul[274] n'en pourrait témoigner).

Cette interruption qui frappe la simple continuité (discursive, déductive) crée la figure d'une successivité, (l'enchaînement interminable de raisons) en quelque sorte une demi droite affligée d'une extrémité à franchir.

Nullement en tant que caractéristique terminale (positive) de l'occurrence logique, mais en raison de ce statut d'immanence qu'il est requis de continuellement rétablir. L'occurrence catégorielle raconte toujours l'histoire de sa constitution. L'instantanéité logique (sous forme de terme, ou de mention d'une assertion comme « je pense je suis ») si cela existe, est incompatible avec le fait de penser une occurrence quelconque du logique. Ou alors cela ne se pense pas.

Ni saut, ni instantanéité, ni dépassement, mais maintient de la contrainte à ce que ces fonctions privatives s'exercent effectivement. Ces déterminations catégorisent la permanence de cette privation terminale, ou vide logique, au sein duquel le logique se reconstitue.

Le faux, relativement au possible logique, n'est pas une transgression du possible, mais l'utilisation des conditions ordinaires de la possibilité logique. La possibilité du faux (ou le mensonge catégoriel, inconcevable s'il n'y a pas un unique champ de l'effectuation du sens) ou la positionnalité de cet impossible consiste en cette condition permanente de l'effectuation du sens, d'être une demi droite, pour laquelle la qualité essentielle est d'être interrompue.

Abruptement, on dira que le faux est la vérité interrompue, avant l'interruption que sa propre effectuation comporte. C'est une subreption de sa propre lecture, ou de la critique de sa propre validité positionnelle. Dissimulation de la question de la compatibilité entre ce qui s'énonce et le fait que cela s'énonce, ou énonciation. Cette critique de la réalité de ce qui s'énonce en raison de l'énonciation est source de textualité, voire interminable.

L'interruption est une chose logique, et nullement un fait spontané et indépendant. En ce sens, l'interruption est un acte théorique. Une prise de position sur ce qui se pense et ce qui ne se pense pas, qui aboutissent toujours à la conclusion imposée par la condition ontologique de la raison logique, à savoir que l'impensé se pense, et c'est de cette manière que l'impensé existe dans le domaine du concevable. Précision redondante, car il suffit de dire « existe ».

Cette butée fonctionnelle fonde la légitimité de toute interruption, constitutive de la réalité catégorielle. Car la séquentialité est toujours protocolaire, et nulle action catégorielle ne peut suivre son cours seulement et d'elle-même. La fabrique du sens est toujours à l'œuvre, aussi longtemps que cela existe.

Même la mouche de Gombrowicz[275] (ou la sonnerie de téléphone, ou le frère qui entre dans la chambre pour causer) est productive de sens. Que l'on coupe où l'on veut, cela ne peut pas atteindre le sens. Car la création catégorielle résulte toujours d'une interruption, ou d'une non séquentialité, ou d'une non déductibilité, d'une non anticipation. L'interruption quelconque est possible (est logiquement réelle) parce que le mode d'être du catégoriel consiste essentiellement en une interruption.

Ce qui entraîne que dans le domaine de la catégorialité il n'y a pas d'élément analytique inférieur au plus haut degré de constitution identifiable, quel qu'il soit. Le texte par exemple, si cela désigne l'extrême possibilité d'un fait de catégorisation identifiable[276] est identiquement le moindre élément identifiable en tant que fait de catégorialité. Ce qui réitère le constat de « complétude aléatoire », ou de liberté inconditionnelle d'interrompre, créative de possible logique effectué, mais aussi de perpétuation de l'erreur qui consiste en l'interruption de lecture réflexive, apte à statuer son annulation.

Ce qui revient à énoncer encore la stipulation redondante « il y a toujours positionnalité », ce que traduit le propos trivial[277] (ou « analytique ») « le possible est possible ». État de choses que l'on peut considérer comme une liberté et comme une contrainte.

Une liberté gratuite et irrécusable d'effectuer du sens de n'importe quelle manière et avec n'importe quoi, même si cela se fait au moyen d'un acte délibérément insensé, et aussi loin que l'on aille dans cette entreprise.

Une contrainte en ce sens que l'acte du sujet logique est réduit à ça, et qu'il n'existe donc pas de sujet capable d'appliquer au possible une réduction ou une abolition. Cette incapacité crée le sujet, et le sens.

Ce qui est de cette façon investi comme opération catégorielle complète inclut l'interruption qui en détermine la complétude. En ce sens, dire que cela est complet est le même que dire que cela existe. Le logique est un fait de butée.

L'acte logique consiste en sa propre butée, en ce sens que l'acte de transcendance relativement à un logique supposé constitué, devient immanent du seul fait qu'il a lieu. Et c'est en cet acte de devenir immanent qui consiste l'immanence du sens au catégoriel. Cette occurrence est la genèse effective du sens, et elle se déroule dans l'imminence d'un vide terminal. Commencement et coupure constituante sont le même fait.

Comment se conçoit donc, si cela se conçoit, une sorte de typologique des interruptions ? Il y a interruption dès qu'il y a sens, ce que prouverait par exemple l'exhibition dans un musée et sous vitrine, d'un clou rouillé trouvé sur la route[278]. Ou encore moins. Même s'approchant infiniment de la nullité, tout ce qui se manifeste pour quelqu'un est un acte catégoriel complet. Ce qui existe dans ce domaine est ce qui est devenu non nul, en raison de son propre accomplissement.

L'origine du sens est cet acte, déterminé par les conditions réelles de son accomplissement. L'origine du sens est protocolaire. La typologie des interruptions comporte la totalité des interruptions possibles, autrement dit tout ce qui est. Quoi que ce soit ce « ce qui est », cela n'a pas (« pour nous ») de réalité non catégorielle. Du moins, il est certain que nous ne pouvons pas dire le contraire.

La fondation protocolaire du logique se déroule comme la perte de ce vide obtenu par l'impossibilité d'un fait de sens non catégoriel, ou dire « quelque chose est » serait devenu une sorte de page tournée, de besogne accomplie, après quoi on devrait pouvoir aborder la vraie problématique conceptuelle ou phénoménale. Ce « court désastre » est le mode d'expression de la tautologie protocolaire qui interdit de dire « nul ne dit qu'il y a quelque chose » afin de passer outre. Le pays interdit pour l'impossible conceptuel qui pourrait s'y implanter.

Que cet acte dirimant soit une nécessité syntaxique résulte d'une condition qui se dirait, benoîtement, par l'expression « on ne peut pas laisser les choses du sens effectué aller leur chemin, spontanément, d'elles-mêmes ». Ainsi de l'interruption radicale qu'inflige Descartes à la pensée, même réelle et plausible, qui correspond à l'impossibilité d'un évitement de la condition protocolaire.

Cet acte est donc la négation catégoriellement effectuée d'une impossibilité. Comme si cette tautologie protocolaire était une fonction inapparente, du fait même de sa nécessité, et qui pour ainsi dire agît en silence.

Que cette condition protocolaire soit constante requiert une énonciation qui se borne à la manifester, sans « parler d'autre chose ». Cette manifestation, qui est en quelque sorte, selon Descartes, le spectacle même de la pensée au travail, est l'expérience explicite d'une butée logique, et de cette façon elle peut s'illustrer selon deux modèles. Le modèle intérieur, le modèle extérieur. L'immanence immédiate (ou locale), la transcendance immédiate (ou locale), l'impossibilité protocolaire de penser « je ne pense pas » tout en pouvant produire son énonciation auto déniante, et l'impossibilité expérimentée de dépasser cette condition protocolaire pour penser ce qui ne pense pas, chose dont le grand analogon est Dieu et toutes ses incarnations lexicales.

Ces deux versions de l'acte de double négation sont le mode d'être d'une frontière qui ne serait rien sans l'acte de l'impossible dépassement, de l'impossible retrait. Le constitué catégoriel résulte de cette double impossibilité, et n'existe que tant que cette double impossibilité est protocolairement effectuée.

Supposer qu'un constitué catégoriel (quelque chose ridicule comme la crasse et les cheveux, ou alors la bibliothèque d'Alexandrie) existe en dehors de cette condition protocolaire est déjà l'acte qui soumet son existence à cette condition protocolaire. Et (et tant pis pour l'esthétique du texte) cette affirmation est elle-même une tautologie protocolaire.

Que l'effectivité du sens ne puisse jamais consister en une chose constituée en dehors de l'acte catégoriel qui en est l'effectuation entraîne que (plus exactement, est ce en quoi consiste la positionnalité de) le mode constant de cette effectuation consiste en une interruption de l'existence purement ontologique de la chose, en tant que catégorialité constituée.

Ceci autorise et valide la position auto déniante de l'assertion impossible. L'entité en quoi consiste la chose dont l'existence serait non protocolaire, par réduction ou par dépassement, est toujours désignable et, pour cela, tout fait l'affaire. Scientifique ou délirant, borborygme d'ivrogne ou texte d'ontologie, théologique ou sectaire, le suppôt de cet aboutissement autorise toujours un discours qui exprime son inexistence en déniant cette annulation.

C'est un mode d'accomplissement, par voie d'absurde, de cette contrainte qui restreint le logique à l'expression de tautologies protocolaires. Nullement en les produisant, mais en expérimentant l'impossible dénégation. Il n'y a pas d'expression du vrai, mais expérience explicite de l'impossibilité du faux. Et il y a de l'ouvrage.

La nécessité constituante du logique s'épuise en son accomplissement. Autrement dit, la perturbation protocolaire n'épargne aucune chose logique. Plus clairement, nul sujet n'existe qui puisse énoncer sa propre inexistence. En posant en même temps et sa propre nullité et l'existence d'une effectuation de sens, aussi minime fût-elle. Plus rustiquement, nul acte ne dépasse l'acte quel qu'il soit. Il n'existe pas d'acte au-delà de l'acte, et l'acte (au sens d'acte logique) est le seul dépassement qui existe, et il est inévitable.

« Inévitable » pour autant, et seulement pour autant qu'il y a du logique. Et la limite initiale de la réalité du logique consiste en ce fait qu'il soit énoncé que quelque chose est, ou que « il n'y a pas rien, en raison du fait que cela s'énonce » et pas simplement en ce fait qu'il y a quelque chose.

L'existence non protocolaire d'une condition de possibilité, même nécessaire, est incompatible avec le fait qu'elle soit posée, ou que son existence soit énoncée. Cette énonciation étant elle-même déterminée par la condition de possibilité dont elle constitue l'effectuation.

L'accomplissement catégoriel d'une condition nécessaire (qui pourrait dont « aller de soi ») est une tautologie protocolaire. Sa réalisation provient de son impossible dénégation, quand elle est énoncée. Qui consisterait par exemple à dire « je ne dis rien » ou « je dis, moi, que je ne suis rien ». Ce travail de réflexivité constituante peut se caractériser en disant que l'interruption est constitutive de sens, et cause protocolaire de la nécessité logique. Le daïmôn, le malin génie, par exemple, sont des catégorisations fictionnelles de cette condition. Sous forme de fiction d'un déterminant transcendant, requérant une traduction conceptuelle conforme au possible privatif. Acte de traduction (ou comportement critique) qui ne peut pas se passer d'un contexte fictionnel, autrement dit d'une sorte de fausseté à l'intérieur de laquelle il opère. Le comportement critique est strictement immanent à l'effectuation catégorielle, et ne peut pas la précéder.

Autrement dit il ne peut pas y avoir un sujet capable d'accomplir cette précession, son existence consistant en une contradiction protocolaire. L'accompli catégoriel est ce qui devient une fiction, contextualisant sa critique. Situation qui peut dégénérer en manie herméneutique, lorsque cette erreur contextualisante est par exemple un texte sacré, ou un grand texte de la tradition. L'envahissement de l'aire du travail conceptuel par ces formes de déchet (semblables aux toxines non éliminées dans un organisme animal) contraint ce travail à se produire toujours sous une forme critique (en étirant la métaphore, des sortes d'anticorps). Non pas en mode séquentiel, du type « une erreur suivie d'une rectification », qui supposerait un moment intermédiaire, sans sujet, (et ce récit est encore un adjuvant fictionnel, un outil rhétorique pour indiquer ce que nous savons quant au mode dont cela se passe) mais localement, « à même » l'erreur. Ce « non saut » qui consiste en l'absence d'un fait de sens sans sujet, ou du sujet d'une absence de sens, est la réalité immanente (ou « positionnalité ») de l'interruption, désignable de ce fait comme une « butée immanente » [279].

L'opposition « extérieur/intérieur », (ou « transcendant/immanent ») n'est pas pertinente dans la catégorisation possible du mode protocole de l'effectuation du sens. En effet, s'il n'y a pas d'extérieur au logique qui ne soit encore du logique, il n'y a pas non plus un « fait intérieur » constitué, achevé, pourvu d'une existence non protocolaire. Ceci, bien entendu, pour autant que quelqu'un en sait quelque chose.

Une fiction narrative ajoutera à la lisibilité de cette caractérisation. On dira donc que l'accomplissement logique consiste en la mort d'une transcendance, par conversion en constitué terminal, suscitant (ou contextualisant) une transcendance actuelle et agie[280]. L'acte d'existence du sujet (son « conatus » logique) est cette transcendance de l'ontologique vers le logique, ou du substantiel vers le catégoriel[281].

La notion d'une transcendance mineure, opératoire, désignable par le terme « hétérogénéité » est également auto contradictoire. Si quelque chose est (si quelque fait s'avère) cela ne peut pas ne pas avoir été à un moment quelconque de l'effectuation catégorielle. Même ce qui illustrerait le cas extrême de cette hétérogénéité logique, le fait de dire « être », voire « l'être est », si cela a lieu, relève du mode ordinaire d'accomplissement de l'effectuation catégorielle. C'est une illustration fictionnelle de cette perte de l'ontologique pur, en laquelle consiste la transcendance logique. Dire « être », mais également dire « une fleur », comme on sait[282]. Mais aussi « voici la moutarde ». Ce qui est réducteur, ici, c'est le mode matériel d'effectuation catégorielle du sens.

Réducteur par rapport au sublime et à l'extraordinaire (pensée de l'Être, pensée de Dieu, du Logos, et de toutes les autres entités « trans-catégorielles »[283], mais qui rétablissent pour ce mode ordinaire (que j'accrédite le fait que quelque chose existe) la valeur de réalisation fondamentale et extrême du possible logique catégorisable.

Tous les modes identifiés comme relevant de l'extériorité (même les plus extraordinaires, poétiques, mystiques, médiumniques, oraculaires et ainsi de suite) dans l'accomplissement du sens sont intérieurs au mode ordinaire[284] de cet accomplissement, dans la contrainte protocolaire privée de continuité propre. L'acte constituant du logique est un mouvement inépuisable vers sa disparition. Pris à la lettre, cette disparition est prévisible, mais elle représente également le dépassement vers l'au-delà du logique (ou de « l'entendement humain » par opposition à l'esprit de Dieu) dans un désert protocolaire peuplé de prodiges.

Ainsi déterminée et limitée, l'aire de l'accomplissement effectif du sens[285] s'identifie comme une sorte de contenant privatif (par négation agie - protocolaire- et continue de ce qui est externe et hétérogène) ou forme réalisée de l'immanence du possible. Toutes les formes d'extériorité, pouvant se désigner, figurer, narrer, montrer, sont incluses dans le mode ordinaire qui est ce en quoi consiste la positionnalité (ou la vérité logique) de l'inconçu.

L'inconçu est premier, dans un ordre où l'on ne peut pas séparer le précédent et le conséquent. Le sens est une transformation protocolaire de l'inconçu. On ne purge pas le domaine du sens possible de toutes les tératologies logiques qui l'affectent. Ce qui ne peut pas se dire n'existe pas, parce qu'on le dit. Même ce qui illustre le terme ultime de l'impossibilité conceptuelle, à savoir Dieu, et l'Être. Ça vaut pour l'exhibition d'un caillou, d'un gravât ou de toute autre chose ridicule et dérisoire. Le logique a besoin de l'impossible, et la vie du logique est le mouvement protocolaire qui transforme l'impossible conceptuel en possible effectué, et dure ce que dure ce mouvement. Ce qui entraîne que le logique est toujours compromis en son propre épuisement, et en contact immédiat avec sa disparition. Ce qui se dénie en raison de son énonciation requiert cette énonciation pour réaliser sa nullité. Qui se réduit à une contradiction protocolaire. La permanence autonome d'un fait logique, même réel et valable, compatible avec sa propre énonciation, est elle-même une contradiction protocolaire. Le sens renaît en sa propre nullité.

Si on identifie ce qui ne peut pas se dire comme un énoncé exclusif de validité protocolaire, ou encore comme une série identifiée et infinie de déterminations négatives[286] tout fait logique, dont l'accomplissement ne peut pas dépasser la situation protocolaire qui lui est spécifique, a comme destin de se transformer en « ce qui ne peut pas se dire ». Et « ce qui ne peut pas se dire » se réduit à cet avatar de l'objet logique.

Tout fait logique est de cette façon « ce qui ne peut pas se dire », et consiste seulement en une perte effective de détermination protocolaire.

Quand l'acte catégoriel cesse (ou aboutit) l'objet catégoriel (signe quelconque, ou mot, ou phrase, ou livre, ou bibliothèque et de proche en proche tous les objets de l'univers) en dehors de son accomplissement n'est rien. On pourrait utiliser la fiction linéaire, fiction d'une existence de la chose logique investie de prolongation, de durée d'existence autonome. Cette entité est l'unique chose qui n'est rien, ce qui revient tout

simplement à postuler que cela est quelque chose mais contradictoirement, sous forme protocolaire.

On ne peut dire, d'une réalité logique, que cela est, mais
seulement nier (en agissant) que cela est non protocolaire. La
poser comme non protocolaire est une détermination protocolaire. C'est la limite absolue de la possibilité de l'assertion négative.

Qu'il ne puisse pas y avoir de « prolongation autonome » de la vie de la chose logique résulte du fait que, quant à
cette autre réalité logique, il est requis d'y aller voir. Ou de la
faire exister protocolairement.

Plus rudimentairement, que quelque chose soit n'est pas
observable, en dehors de l'épisode logique qui consiste en la péremption radicale de la non existence de cette chose déterminée,
en quoi consiste « son observation », ou, pour ne pas isoler l'observé de l'observateur, son ostensibilité.

Qu'un fait logique s'accomplisse annule ce qui détermine le fait qu'il soit et le mode dont il est. Comme l'accès à cet
état de choses le contredit absolument, cet accomplissement et
cette perte doivent recommencer en ce hiatus qui existe sous
forme de péremption.

Exister sous forme de péremption agie (protocolaire)
n'est pas le même que de n'être rien. Cela doit exister, en raison
de ce que l'on pourrait désigner comme « la mécanique » du

catégoriel. L'inexistence d'un état non protocolaire de la réalité logique (effectuation matérielle du sens, ou catégorialité du réel) n'est pas un état de choses anticipable, déductible, observable, se prolongeant de lui-même. C'est ce que subit le non protocolaire lors de son effectuation, de quelque sorte qu'elle soit (même réduite à une mention, ou quelque désignation déictique).

La formation logique détermine en quelque sorte un épuisement de la situation protocolaire. Pour ainsi dire « ce qui est fait est fait ». Mais la séquence vers le trans-protocolaire est interrompue par son effectuation même. Par figure, on peut dire que la détermination a priori n'a pas le temps de durer en tant que telle, et nulle action n'en procède apte à produire un effet déterminé. Tout est enclos dans la médiation protocolaire. Une sorte de « fonction commençante » fonctionnellement immuable, et sans issue.

On peut décrire ce fait par la fiction d'un état de choses « pré-protocolaire », le moment protocolaire intervenant alors comme une médiation requise pour tout effet déterminant[287]. C'est ainsi que même si d'une manière ou d'une autre (d'ordinaire l'acte de l'esprit divin) il y avait une prolongation autonome de la réalité effectuée du sens (le monde tout autour) le fait de le savoir consisterait en l'accomplissement d e la condition protocolaire. C'est ainsi que cela existe peut-être, mais nous ne le savons pas (ce qui sollicite l'utilisation de danses rituelles et autres incantations).

Dix-huitième proposition *(série 3 n°6)*

La profanation du vide

L'acte logique se déroule dans la perte radicale de la réalité logique et actuelle et instaurée.

Il se postule :

Que quelque chose comme le domaine du sens est un fait[288], identifiable et caractérisable, même si son contraire est exclusif de catégorisation.

Que ce domaine est délimitable en sa caractérisation protocolaire[289]. L'instrument pratique de cette délimitation étant multiple. Délimitation logique (de droit : bonne forme catégorielle), chronologique (quand l'acte catégoriel aboutit), spatiale, (la limite de l'inscription), fonctionnelle (lorsque l'aptitude à catégoriser a été suffisamment accomplie). Cette liste n'est pas systématique.

On admet en outre :

1. Qu'un acte de sens[290] quelconque a lieu, a pu avoir lieu, pourra avoir lieu

2. Qu'au moment exact où cela a lieu, si c'est le cas, la totalité de l'effectuation matérielle du

sens qui pouvait se produire, a eu lieu. Sans restriction ni ajout.

3. Que ce moment existe, quelle que soit sa manière d'exister.

4. Qu'en ce moment-là le possible logique peut consister en une seule réitération complète de cette série achevée de l'effectuation logique. Même si c'est exactement en ce même moment que l'accomplissement logique vient perturber cette pure réitération possible en droit.

À partir de ces postulations, il est licite de traiter la question de la figure de la lacunarité logique selon la modalité de l'ultériorité.

Interprétation lacunaire de la fin de la séquence comme réitération complète de la séquence complète, et en même temps déni logique de cette réitération et de la complétude de la série réitérée. Par figure, et pour donner lieu aux propositions qui constituent cet « emplacement logique du logique » (en rappelant qu'il est des emplacements du logique qui ne sont pas du logique : la distribution linguistique des discours par exemple) on peut cependant le mentionner comme vide ultérieur.

La positionnalité en quoi le vide ultérieur consiste et qui peut le constituer dans le champ du logique n'est pas seulement impossibilité de l'achèvement effectif d'une position quelconque au moment terminal de sa constitution :

Ce moment terminal se pose à partir d'un dépassement et, certes, par figure, mais il n'y a pas d'autre moyen de le dire, ni de le taire ; comme par l'effet d'une scrutation et jaugeage venu de ce « lieu dépassant » mais nullement disjoint de ce qu'il dépasse : cette jonction étant bien entendu réciproque et indissoluble.

Cette positionnalité « de surcroît », ajoutée à toutes les formes de positionnalité naturelles et attestables, de premier niveau, et qui les conditionne, produite (pour ainsi dire) par l'existence du logique pris sous forme de totalité de fait, comme ce qui commence lors de la position de sa complétude, et qui par conséquent est l'équivalent de positionnalité propre du champ et en même temps constitutive de la position du champ, n'apparaît pas non plus sous une forme implicite lors d'un constat de non dépassement (de non « dépassabilité » pour ainsi dire) car il s'agit de ce qui succède à ce non dépassement, pris, lui, comme une réalisation effective (attestable; documentaire) du logique (entendu comme le logique compatible à un champ; ou « à du champ » tout simplement, même minime, même élémentaire, ou aussi élémentaire que faire se peut).

Car qui dit non dépassement dit « nul successeur », et il faut que l'on s'interroge sur le lieu logique où cette nullité, et son support, sont conçus.

C'est la requête logique même qui se produit en ce « vide », comme ce vide, et c'est le nul successeur de la requête logique bien formée (même au niveau « pré syntaxique » d'une dénomination quelconque) qui constitue « tout d'abord » (entre guillemets, car mettre en succession un phénomène constant est différent d'opérer la description. Ou la formation, d'une chaîne de termes différenciés) la forme de positionnalité « en plus » à partir de laquelle les phénomènes de positionnalité se constituent, se différencient, et commencent à être comme il convient à la situation de « champ » du logique.

C'est donc la demande logique même qui ressemble à cet état de choses du champ, d'être scruté d'un dehors qui n'est pas le champ du logique alors même qu'il n'y a rien, de logique, qui ne soit dans le logique.

Ce « rien » est donc une réitération de tout le logique, mais obligatoirement non réalisée. D'où : le logique se complète tout entier, en fonction même de cette entière non réalisation de la réitération de la série du possible logique, ou pas du tout (jamais par bribes additionnelles).

Cette entière non réalisation ne se comprend que comme ce en quoi « ensuite » est traduite une complétude logique de fait (même minime cf. plus haut). Il y a « du logique » en raison de cette disposition de la positionnalité, relativement à son non dépassement relativement au non dépassement en quoi consiste l'achèvement d'un achèvement quelconque.

Ce non dépassement alors que le commencement n'a pas encore trouvé son insertion dans la chaîne produite, et qu'il n'y a plus de « lieu logique » où le constituer, inséré dans la série du possible paraît donc un désastre logique, quoique strictement fonctionnel. Autrement dit, non fondé car ce manque de légitimité traduit aussi l'extériorité au champ du logique de ce domaine non seulement logique, mais le seul logique sinon concevable, le seul « apte à être conçu » ce qui est synonyme.

Et il est concevable de former une logique qui constitue le propos nul d'éviter d'en arriver à ce point de tout dépassement. Par exemple en obtenant de déconsidérer logiquement - par une délimitation de champ conçue dans ce propos - le segment de conséquence logique qui conduirait à cet extrémité, ou en convertissant en terme ultime ce qui n 'est qu'un moment de transition, ou en remplaçant par un segment étranger à la conséquence logique directe celui qui aurait achevé véritablement une séquence conséquente, ou une série complète du possible catégorisé.

Cependant, l'outil mis en œuvre pour aboutir à ces configurations comporte ce que l'on veut éviter : car ce n'est plus d'un « nul dépassement » de quelque catégorisation qu'il s'agît; mais de ce qui, nul, va au-delà de la catégorisation d'un « vide quelconque », ultérieur à n'importe quoi, qui, pour représenter une série achevée - ou une réalisation logique attestable- n'a plus prise sur qui dépasserait son achèvement, d'une part, mais qui, en présentant ainsi une sorte de « bord externe » en constitue l'équivalent de position de ce nul dépassant du « non dépassé » (pour être, tout simplement, un fait logique est le « non dépassé », il consiste en « ce qui est non dépassé »), de « l'indépassable ».

Ainsi cette fonction « en creux » est toujours sûre : et son effet est impératif, par exclusion de tout autre qui serait compatible au fait de la positionnalité par laquelle le travail logique initialise les faits de champ du logique. La vacance absolue, corrélée à la complétude logique (le « non vide » se traduit en « vide définitif). La mortalité du logique, et son au-delà.

Cette sorte de lacune retrouvée au lieu de formation de tout le logique (ou du « logique tout entier ») n'est jamais absente, dissocié d'aucun des faits logiques, mais, à partir de la dissociation qui le sépare de chacun des faits qui « terminent », elle est dissociée de tout le fait logique

La positionnalité « perdue » d'un fait logique quelconque, qui serait en même temps « commençant et commencé » inclus dans le commencement qu'il déterminerait tout en en provenant, cette fonction perdue resurgit, et telle, que sa portée est entièrement dans le champ du logique et nulle part ailleurs, en raison de cette perte lorsqu'elle se réalise entièrement (ou : lorsque sa réalisation entière n'est pas dissimulée derrière des réalisations partielles et en retrait par rapport à cet achèvement :comme il en serait du vide déjà inclus dans le moment m+l et succédant au moment m, par exemple).

Ainsi, on pose tout d'emblée : toute position est secondaire dans la position du logique effectif tout entier. On ne peut suspendre, avant cela, son acte logique.

S'il est licite de mentionner un fait catégoriel réel, effectivement accompli, si un fait catégoriel est discernable (positionnable[291]) cet acte de discernement consiste alors en une réitération. Comme il faut admettre un moment terminal, non dépassé, d'un fait catégoriel spécifique (une désignation, par exemple, ou quelque réalisation déictique en deçà de la désignation[292]) c'est une totalité de la série enchaînée de la catégorialité effectuée qui pourrait ici se réitérer.

Totalité de la série continue de l'effectuation du sens, aussi loin que l'on veuille remonter, sur l'axe diachronique qui proviendrait d'un commencement imaginaire de la réalité de l'effectuation du sens (autrement dit, depuis qu'il y a quelque chose en tant qu'équivalent d'une effectuation catégorielle première) ou en synchronie parfaite avec toutes les séries de l'effectuation du sens actuelles à un moment quelconque (toute effectuation dépend et provient de l'effectuation qui lui est simultanée, autrement dit et quoi que puisse en penser un sujet, l'acte logique est toujours affaire de l'autre).

Sauf si nulle séquence catégorielle ne peut se délimiter. Ne serait-ce qu'en tant que ce qui se perd dans le processus de constitution effective de la catégorialité.

La possibilité de la réitération est coextensive à la possibilité d'une identité catégorielle délimitée.

L'acte en quoi consiste cette identification est le fait catégoriel, protocolairement contradictoire à la complétion de la série dont il constitue l'accomplissement actuel. La délimitation est critique. Cette condition protocolaire est constante et absolue.

Le seul fait logique réel est cet accident catégoriel « post logique ». Le logique qui existe est cette occurrence catégorielle post-logique. Le lieu de possibilité du logique est cette lacunarité imminente au terme de l'accomplissement de la série de la catégorialité. La positionnalité du fait catégoriel quelconque est cette lacunarité terminale. L'effectuation du sens a lieu en sa propre carence.

Cette effectuation post-terminale subit le même effet d'actualisation que celle dont elle constitue l'actualisation. Banalement, cela doit se faire.

L'acte logique est pris dans cette sorte d'urgence, de préalable, qu'il ne peut pas dépasser, ni cesser d'accomplir. Ce non dépassement en raison de cette requête constante d'actualisation du fait logique terminal est une réalité indépassable. Autrement dit, en raison de ce complètement critique, l'acte logique est le premier et le dernier des dépassements possibles. Irréductible et indépassable[293].

Dépassement de ce qu'on pourrait désigner comme étant l'effectivité (virtuelle) de la réalité logique, ou de l'effectuation matérielle[294] du sens[295]. Ce non dépassement du dépassement terminal en lequel l'accomplissement catégoriel consiste est la positionnalité de la démarcation du fait logique. Au sens de position d'une chose sémique identifiée. Identification logique, ou chronologique, ou spatiale, ou fonctionnelle, dans tous les cas protocolaire, impliquant un sujet déterminé par la matérialité du possible logique, lequel est déterminé par le mode d'existence d'un sujet. Cette détermination réciproque et indissoluble, cette stricte simultanéité des conditions provenant du mode d'existence du sujet et des conditions provenant du mode d'existence de la matérialité du catégoriel, exclut l'utilisation du mot « pragmatique », qui suppose un sujet apte à l'acte, en dehors de l'acte, et justifie l'emploi du terme « protocolaire ».

Identification logique, car tout est reconnu comme étant de nature catégorielle, même ce qui pour un certain sujet n'est pas traduisible. Hurlement, manuscrit Voynich, graffiti sur un mur, et même lézarde ou tache de soleil.

Chronologique, car le fait catégoriel est atteint de temporalité, avec les caractéristiques que cela entraîne, dont irréversibilité, non itérativité, et cette qualité d'être irremplaçable et absolu que Sartre illustre par l'expression populaire bien connue « En voilà un qui n'ira pas aux Prussiens ».

Spatiale à chaque fois que le fait catégoriel est affecté de localité (à supposer que quelque fait catégoriel échappe à cette condition).

Fonctionnelle, en ce sens qu'une fait catégoriel délimité est produit par un dispositif matériel quelconque, ou plus généralement que quelque chose fait quelque chose[296] pour que ce fait catégoriel existe. (Ce qui inclut les catégories classiques, traduites en « verbes d'action » [297].) Que cette condition soit constante est le mode dont l'achèvement est permanent et en tant que tel inaccompli.

Le fait catégoriel consiste ainsi en un inachèvement, même s'il s'agit d'un jugement tautologique. « Tautologique » ou ce qui consiste en une tautologie protocolaire[298]. Car l'accomplissement de ce moment terminal (rudimentairement, « dire x » en considérant qu'une manifestation quelconque est un acte catégoriel) l'inachève[299]. En ce sens que, accompli, cela n'est rien s'il n'est pas lu (« lu » par figure ; « repéré » serait plus proche du sens correct, en considérant que ce fait de repérage est un fait catégoriel).

Cette circonstance oblige à statuer que le fait logique consiste en l'accomplissement d'une transcendance, immédiate et indépassable. Autrement dit, le fait logique pâtit d'une sorte d'exterritorialité. En tant que sujets du logique, nous ne pouvons pas nous rapatrier. Si une détermination topique pouvait s'adjoindre à la caractérisation du fait catégoriel, on dirait que le logique se produit en un lieu dépassant[300].

Cette positionnalité « de surcroît », ajoutée à toutes les formes de positionnalité naturelles et attestables, de premier niveau, et qui les conditionne, produite (pour ainsi dire) par l'existence du logique pris sous forme de totalité de fait, comme ce qui commence lors de la position de sa complétude, et qui par conséquent est l'équivalent de positionnalité propre du champ et en même temps constitutive de la position du champ, n'apparaît pas non plus sous une forme implicite lors d'un constat de non dépassement (de non « dépassabilité » pour ainsi dire) car il s'agît de ce qui succède à ce non dépassement, pris, lui, comme une réalisation effective (attestable; documentaire) du logique (entendu comme « le logique compatible à un champ » ; ou « à du champ » tout simplement, même minime, même élémentaire, ou « aussi élémentaire que faire se peut »).

Il n'est pas concevable de poser ce lieu à part d'avec ce qui s'y accomplit[301]. Cela qui n'est pas concevable est cependant quelque chose, comme tout ce qui a lieu sous forme catégorielle. Ceci signifie que ce vide a une positionnalité, autrement dit un possible qui est ce en quoi il consiste en vérité[302]. [

Dans le cas du vide immédiatement ultérieur à la constitution d'un fait logique quelconque, il s'agît de cette perte immédiate du moment terminal, mais effectuée avec l'accomplissement de ce moment terminal (qui consiste en un rejet du moment terminal déjà en place, pour utiliser encore la fiction d'une succession de faits dissociés). On ne peut pas concevoir qu'il y ait quelque réalité logique (une chose consistant en du sens effectué, ne serait-ce que de l'attestation ontologique qu'il constitue) et qu'il n'existe pas de moment terminal.

La possibilité de penser ce moment terminal se réduit à impossibilité de penser son inexistence, en même temps que de produire l'attestation que quelque fait logique existe. Par définition, nul acte logique ne peut penser ce moment terminal, ni opérer su lui une quelconque opération, ni lui faire subir une modification. Cette incapacité « doit se vivre », et l'impossibilité de penser la non existence du moment terminal est un travail inépuisable. Ça se fait sur le bord du logique (entendu comme la totalité actuelle de l'effectuation du sens[303]). La positionnalité de ce bord consiste en cette impossibilité à déclarer non existant un moment terminal de la série (logique et chronologique) des faits d'effectuation matérielle du sens. Cette impossibilité de négation, qui exclut la possibilité de le constituer directement, est la position générative de logique qui est en plus et au-delà de la série complète du logique effectué[304].

C'est l'unique au-delà de l'actualité de l'effectuation matérielle du sens, et consiste uniquement en ce mode non dénégatif d'existence de la terminalité du fait logique. Et d'ailleurs, que l'on dise « un » fait logique, que l'on dise « la totalité de tout ce qui, du sens, est matériellement effectué », la même non dénégation s'impose impérativement, en tant que tautologie protocolaire.

C'est l'unique lieu et l'unique forme de la positionnalité. Le travail du sens s'opère au bord de l'effectivité matérielle du sens. Et cet au-delà ponctuel est indépassable, car constamment itératif. Le dépasser le constitue, et c'est ainsi qu'il n'y a pas de dépassement.

Ainsi, toute positionnalité limitée, déterminée (positionnalité de quelque chose, désignée), est une occurrence de cette positionnalité générale qui rend possible l'existence du logique. Et pour que cette positionnalité existe, il est requis que l'on ne puisse pas dénier l'existence d'une « ultime réalisation » du sens, même si le fait de le catégoriser est une contradiction protocolaire.

Le non dépassement, ou impossibilité d'un dépassement (se produisant au-delà de ce dépassement premier, local et immédiat, constitutif de la réalité du sens effectué, en quoi consiste le fait que l'ontologique est transcendé en logique) affecte cet objet posé (impérativement) par l'impossibilité d'accomplir valablement sa négation, identifié comme la totalité (occurrente, contingente, relativement aléatoire[305]) de l'effectuation matérielle du sens.

Car qui dit non dépassement dit « nul successeur », et il faut que l'on s'interroge sur le lieu logique où cette nullité, et son support, sont conçus.

L'inexistence d'un fait dépassant, autre que celui en quoi consiste immédiatement l'exploit[306] catégoriel, est une réalité logique qui doit avoir lieu. L'inexistence d'un successeur à la séquence irréductible du dépassement premier (ontologique vers logique) en quoi consiste la catégorialité, même infime, même réduite à l'ostension des choses, ou encore moins, doit avoir une existence protocolaire. Sommairement, « nous faisons ça ». Ce en quoi consiste l'objet qui serait le contenu de cet acte, il convient de le désigner comme le nul successeur. Ce nul successeur existe, il est différent du néant logique pur et simple[307]. Une sorte de fantôme venu du futur qu'en se constituant le fait logique nous fait perdre.

Ce lieu de constitution du nul successeur est figuré par un néant, un vide, objet de désir et même de convoitise. À exister sans contradiction protocolaire, ce vide est par définition le lieu où de l'inconçu (« ce qui ne se pense pas ») aurait pu exister catégoriellement. Ceci s'illustre, d'une part, par les considérations de Descartes concernant l'imperfection de notre esprit, cette portée de l'entendement qui nous manque, et aurait pu servir à penser Dieu en un autre mode que déceptif.

En même temps, c'est la positionnalité de cet esprit exempt de toute limitation protocolaire, à savoir Dieu[308]. Le « nul successeur » se matérialise en parole, le plus souvent divine. Cette circonstance est la positionnalité de tout accomplissement logique, et par métaphore le lieu de sa constitution. Lieu doit se traduire par « condition protocolaire ». Le constituant logique n'est pas un objet logique.

L'inexistence, agie et constitué, du nul successeur est le seul lieu de création d'un sens matériellement effectué. La positionnalité de ce « nul successeur » est le non-dépassement du dépassement premier.

C'est la requête logique même qui se produit en ce « vide », comme ce vide, et c'est le nul successeur de la requête logique bien formée (même au niveau « pré syntaxique » d'une dénomination quelconque) qui constitue « tout d'abord » (entre guillemets, car mettre en succession un phénomène constant est différent d'opérer la description ou la formation, d'une chaîne de termes différenciés) la forme de positionnalité « en plus » à partir de laquelle les phénomènes de positionnalité se constituent, se différencient, et commencent à être comme il convient à la situation de « champ » du logique.

Ainsi, la réalisation du logique consiste toujours en une requête, car cette réalisation, l'effectivité matérielle constitutive de la catégorisation, et qui comme telle semble constituer ce qui est le plus réel, voire « palpable » de l'effectivité du sens, consiste par définition en une perte.

Perte impossible, l'épuisement du rôle du sujet étant l'acte d'un (du) sujet. Cet épuisement inaccomplissable existe sous forme d'un accomplissement qui le rejette (pour ne pas dire « l'annule », ni « l'abolit », qui désignent des situations protocolairement impossibles) et le refait. Cet état de choses, mécanique (ce que constitue le sujet de l'acte catégoriel n'est rien sans le sujet de l'acte catégoriel et protocolaire, qui est un état du monde, une réalité matérielle, entre autres une inscription) est ce en quoi consiste la positionnalité de cet état de requête, déterminé (car exercée sur - en - une effectivité matérielle réelle,

« captive de la matérialité catégorielle), et protocolairement perpétué.

Cette requête consiste donc, protocolairement, en une impossibilité de « non requête ». L'indétermination qui précéderait la réponse à cette requête explique (est sa positionnalité) le désir logique de l'impossible, cet impossible étant exclusivement protocolaire.

Car, avant de le dire, il n'est pas inconcevable[309] que je puisse dire « pour de bon », réellement, validement, « je n'existe pas ». Mais l'accomplissement de cette virtualité l'abolit. Il en va de même pour la possibilité de caractériser l'être exclusif de toute caractérisation (exempt de « modes et d'accidents »).

Le lieu protocolaire que l'on imaginerait pour que cette circonstance se produise, est le « nul successeur », catégorialité de l'impossibilité d'une sorte de réalité non protocolaire de l'effectuation catégorielle du sens. Ce vide est une réalité logique, même s'il n'existe que sous la forme de sa propre extinction. Cette localité est une production constante, et la forme permanente de l'acte catégoriel. Et la source continue de positionnalité.

La positionnalité est la mécanique propre de cette constitution trans-terminale du logique. En considérant que ce « trans-terminal » ne comporte pas d'écart, ni de vide transitif, ni de moment zéro auquel succéderait la réalisation d'un fait positionnellement possible.

Le logique se produit ainsi sur une sorte de « frontière ontologique », autrement dit à même sa propre extinction. Différenciée par le fait terminal qui individualise ce qui peut être requis en cette requête logique, ou « positionnalité en plus ». Il n'y a pas de positionnalité vide, de pure possibilité formelle, car cette effectuation en plus ne se sépare pas du terme effectif qui subit annulation logique par le fait de son propre accomplissement.

Cette restriction est la condition (impérative) de possibilité de la détermination du logique comme « champ », au-delà de l'aporie propre qui devrait frapper de nullité la détermination d'un champ sans extériorité, ni altérité, ni contrariété.

C'est donc la demande logique même qui ressemble à cet état de choses du champ, qui consiste à être « scruté d'un dehors qui n'est pas le champ du logique » alors même qu'il n'y a rien, de logique, qui ne soit dans le logique : par conséquent c'est tout ce qui peut être du logique qui se passe en ce lieu au-delà, même le logique qui est déjà matériellement constitué.

Ce « rien » est donc une réitération de tout le logique, mais obligatoirement non réalisée. (D'où : le logique se complète tout entier, en fonction même de cette entière non réalisation de la réitération de la série du possible logique, ou pas du tout, jamais par bribes additionnelles)

L'action spécifique de ce champ du logique extrinsèque (par dépassement) à ce qui s'en est effectivement accompli ([310]) est donc la demande, (manque, requête), déjà « pleine » de son objet, car issue, par figure, de l'extinction de l'effectivité catégorielle qui s'actualise, et qui en s'actualisant est frappée d'une détermination protocolaire « en plus ».

Cette circonstance crée la virtualité d'une existence non protocolaire de la réalité effectuée du sens. Actualiser une telle virtualité ne fait que réitérer la production de cette même virtualité, incarnée en une nouvelle effectivité en attente de vie protocolaire[311]. Cette « attente » n'est pas le fait des choses, mais si le mode d'existence de la situation protocolaire, de l'ordre de la requête, de l'ordre du désir logique.

Désir d'anticipation, d'instauration d'une déductibilité du possible (ou divination rationnelle) qui se réduit au mode ordinaire d'effectuation du logique. Mode ordinaire que l'on trouve quelquefois convertit en événement extraordinaire, de l'ordre de la prophétie, de la vision, de la divination, de l'utopie visionnaire ou scientifique, etc.

Ces « événements extraordinaires » sont identifiables et caractérisables en raison du fait qu'ils sont calqués sur le mode ordinaire d'effectuation du logique, et, en ce sens, soumis à la même limitation que celle qui est intrinsèque à cette manière ordinaire d'accomplir l'acte catégoriel. Lequel en quelque sorte est toujours une effraction dans le possible à venir. Le désir de se retourner pour voir ce qu'il en était est intrinsèque à cette condition. Ainsi que le désir d'en finir une fois pour toutes, soit en le comblant d'une réponse indépassable et absolue (Dieu, l'Être) soit en le tronquant par voie de précepte (taire ce qui ne peut pas se dire).

Cette perpétuelle occupation du lieu de transcendance se décrirait aussi par cette rectification de la vision de la genèse de la catégorialité, (conversion du pur ontologique en apparition catégorielle de la chose), rectification qui mettrait à la place de la chose « purement ontologique » (ou considérée du point de vue de l'ontologique) la réalité catégorielle.

La « chose du monde » serait donc à considérer comme la parole, en tant que catégorialité effectuée. Le logique serait donc imaginable comme une soupape, un clapet, un cliquet, un dispositif de non refoulement[312] qui interdirait tout accès au domaine de l'effectuation du sens autre que protocolaire (terminalement accompli), étant travail de catégorialité.

L'acte catégoriel crée cette restriction, et c'est ce en quoi ce dispositif consiste. Le sujet (« humain » par redondance) est frappé de pérégrinité logique.

Mais en disant ceci, on est contraint de stipuler (par nécessité protocolaire) que c'est tout ce qui peut exister, donc existe, du logique, qui a lieu en cette place « outre-logique », même le logique qui est déjà effectivement constitué. Dont la reconstitution n'est jamais itérative, en raison de la modification de la totalité de son passé, différent de ce qu'il en était lors de la première occurrence de cette constitution. Même en lisant, dans des circonstance éternelles, le même mot (ou formule magique, ou mantra, etc.) ce serait toujours un nouvel événement du logique (effectuation matérielle du sens).

Ce dernier événement n'étant pas un événement en plus, mais le mode d'existence de tout le logique effectué qui existe[313]. Le désir logique ne vise pas seulement le logique « à faire », mais également le logique qui existe, tout simplement. C'est pour cela que nous lisons des livres et regardons les arbres.

Toutes ces sortes d'incarnations (matérialisations) de la transcendance locale, constitutive et à un seul temps, qui est le seul équivalent pensable d'une source du mode d'être effectif du sens (ou simplement : du logique) sont la source de tout le logique qu'il y a, réduit à sa production[314], et de fait intrinsèquement historique.

Ce « rien » est donc une réitération de tout le logique, mais obligatoirement non réalisée. D'où : le logique se complète tout entier, en fonction même de cette entière non réalisation de la réitération de la série du possible logique, ou pas du tout : jamais par bribes additionnelles.

Le manque de la possibilité de réitération est illimité et illimitable Les tentatives ne manquent pas de l'affaiblir et restreindre. Le moment de la possibilité de réitération est détourné au profit d'une réalisation catégorielle qui n'existait pas encore. C'est donc une restriction mécanique, due à l'accomplissement même de ce qui eût été possible, une inévitable contrainte protocolaire (ce qui peut servir de définition de ce en quoi consiste la nécessité privative, qui est de nature protocolaire)

La positionnalité de cette qualité d'être illimitable consiste en des tentatives de la restreindre ou amoindrir d'une manière ou d'une autre. Par exemple, la récitation de formules rituelles, la profération de mantras.

Cette réduction est une sorte d'échec du désir de transcendance indéterminée (illimitée), et l'impossibilité d'une transcendance constituante du logique qui ne soit un acte, un travail, une entreprise protocolairement déterminé. Requérant une chose, et requérant la conversion de la chose en catégorialité.

Serait-ce l'inscription d'une catégorialité effective[315], incapable d'exister sans acte catégoriel effectivement accompli[316]. L'immanence n'est rien sans cet échec local, effectué, protocolairement effectué, de la transcendance au sens premier et indépassable du devenir catégoriel d'un pur ontologique[317].

Les moyens pour suspendre le processus de la catégo-rialité -arrêter le logique- ou créer (identifier) des termes itéra-tifs absolus, sont parmi d'autres la nomination qui épuise la vir-tualité logique, ou l'abstention logique parfaite, dont on ne saura jamais rien. Toutes ces manipulations et tentatives sont moulés dans le même moule fonctionnel, protocolaire, consistant en l'auto destruction de l'acte catégoriel (jusqu'à interdire la simple énonciation du nom : Dieu, l'Être, le Tao etc.).

Le logique est un acte de non réitération[318]. Et pour qu'il soit l'acte de non réitération, il requiert une chose qui subit cet interdit. Le « presque réitérable ». Le nœud indissoluble et pré-caire[319] qui lie le logique au logique, et consiste en un acte ca-tégoriel quelconque. Ou, pour reprendre l'expression de Des-cartes, le fait qu'il ne puisse pas se dire « je ne suis pas » tout en le disant ou concevant.

Et cet incident de la non réitération (ni anticipable ni déductible) du dépassement peut être vécu sous forme de dra-maturgie, de plainte, de révolte, de soumission poétique, etc. Plaintes et récriminations portant sur la limite de la parole, les limites de la « pensée humaine » relativement à l'absolu qui est à penser, parmi d'autres.

En même temps, la pensée[320] subit constamment un risque de complétude indépassable, incarné en des attitudes mimétiques, comme des stérilités, figements, sidérations, exprimées d'une manière ou d'une autre, voire « pathologique ».

Pour être possible, et en tant que dépendant d'une matérialité (consistant en l'ostensibilité codifiée d'une matérialité quelconque) l'acte logique est -au minimum- complétude effective et immédiatement sacrifiée, mais non irréelle.

La positionnalité de cette complétude effective consiste en la réalité de son abolition de fait, ou rejet ou transgression, ou conversion quelconque.

La complétude existe sous forme de déclin immédiat et local de la transcendance qui est constitutive du logique qui s'effectue, transcendance opérée par la matérialité même du réel catégoriel[321] (toujours une chose, déterminé par la modalité particulière de son absence : la fleur de Mallarmé qui comme toutes les fleurs est absente de tout bouquet autre que celui où elle figure, et la pierre de Mallarmé qu'il ne convient pas d'inclure dans le livre, lequel aurait du mal à se refermer dessus.) qui est ce en quoi consiste cette matérialité.

La non totalisation du champ de l'effectuation du sens est l'acte constant et constituant du logique. (Nous sommes ainsi les « gâte-sauce » du sens).

Il n'y a pas un fait de sens détaché, détachable, ni avant ni après son effectuation. Avant, car tout hiatus dans l'accomplissement du logique serait exclusif d'une reprise consécutive à ce « bref instant » de non existence[322], manque de sujet capable de l'accomplir. Après, car même une réitération requerrait un acte catégoriel inédit, et aussi « unique » que « chacun des autres ». Chacun des autres, car il est essentiel à l'acte logique d'être unique. « Deux » actes logiques sont un acte logique, lorsqu'ils ont lieu, ce qui permet de conclure par récurrence. En même temps, si un fait logique pourrait avoir un autre mode d'existence que protocolaire, cela exclurait l'existence du sujet impliqué dans cet acte logique. En ce sens, on peut avancer en toute certitude qu'il n'y a pas un acte logique. Et que l'agent de l'effectuation du sens consistera perpétuellement en ce manque[323].

Le non dépassement (ou réduction à un achèvement qui ne s'achève pas, que rien n'achève, qui est démenti par le fait même commis à le réaliser) qui eût autorisé la délimitation d'un fait logique apparaît comme une difficulté[324] qui se résoudrait en allant vers une extériorité qui le demeurerait malgré tout, malgré la « présence[325] » du sujet pensant, pour commencer enfin à accomplir une « pensée purement pensante », plus initiale que la « pensée pensée ».

La possibilité de cette transgression est permanente, dans la limite de l'acte de penser actuel (elle est vraie, *mais combien de temps ? À savoir, autant de temps que je pense* [326]). Permanente, ineffaçable et irrésoluble. Et l'impossibilité en quoi consiste le destin de cette virtualité constante doit être une réalité protocolaire. Elle est toujours ce qui est à faire.

La positionnalité de cette extériorité consiste en sa perte, effectivement accomplie, et (mais) devant toutefois s'accomplir.

Il en va du nécessaire comme de l'impossible, cela existe dans la mesure où quelqu'un l'accomplit, même si ne pas l'accomplir est exclusif de catégorisation, même si l'accomplir est de ce fait une nécessité (aussi longtemps que quelque « cogitant » existe et que quelqu'un le sait, voire lui-même) qui se concrétise en tout état de choses. Il est requis de la combler comme si elle existait, il est requis de faire en sorte qu'elle n'existe pas.

Or, ce comblement, à exister logiquement, doit être un acte catégoriel « complet », ce qui entraîne son échec, par nécessité protocolaire. Le fait logique est condamné pour ainsi dire à être toujours affecté d'initialité absolue, et à être fonctionnellement fondamental. Vivre sa propre impossibilité de dépassement[327] (au-delà du dépassement qui le constitue, à savoir celui du pur ontologique) est le moteur fonctionnel de la pensée, et pour ainsi dire, son âme. Plus exactement, sa condition inchoative absolue.

Cette inchoativité intrinsèque et irréductible suppose un au-delà du commencement, que rejette par contradiction proto-colaire cette circonstance même, l'inchoativité intrinsèque du fait logique, qui fait supposer la possibilité d'un tel dépasse-ment. Autrement dit, qui est ce en quoi consiste la positionnalité de cet impossible déterminé.

Cette inchoativité constitutive du fait logique est égale-ment la positionnalité du propos de constituer un fait logique qui serait en même temps et inchoatif (fondamental) et ultime. Il s'agit comme toujours d'une paraphrase ou reprise dénégative du mode ordinaire de formation du fait logique, ou des condi-tions ordinaires de possibilité du fait logique, et il ne peut s'agir que de cela.

Constituer un fait ultime est un propos descriptible, mais contrarié par la circonstance suivante, à savoir que tout fait logique est ultime. L'inchoativité est le terme de la série de réa-lisation effective du sens. Ceci ressemblerait au procédé d'an-nuler pour créer le même, selon le schéma $1 \rightarrow 0 \rightarrow 1$, qui est protocolairement contradictoire. Le passage de un à zéro à pou-voir s'obtenir (ou seulement décrire), eût été irréversible, car il ne peut pas y avoir de transition logique entre le non logique et le logique. Cette entreprise consiste en un travail interminable de dénégation.

Il n'y a qu'un dépassement, exclusif lui-même de dépassement. Le fait logique est par conséquent lui-même cet obstacle qui annule le dépassement de ce dépassement en lequel il consiste. Et réussir à vaincre cet obstacle, en détruisant le fait en lequel il consiste, revient à détruire le logique, autrement dit le sens, considéré en sa réalité d'effectuation matérielle.

Ce qui s'annule en même temps que le fait de sens matériellement effectué se constitue, c'est un « espace pragmatique » qui demeurerait au-delà du terme, vacant et disponible, et qui demeurerait en situation de simultanéité avec l'accomplissement de son remplissement pratique. C'est un état de choses, descriptible et auto-déniant. C'est un fait inarticulable, consistant à dénier la successivité, comme il en est de bien des occurrences de l'inarticulable, dont les humoristes font abondante provision[328].

Cette chose conceptuelle pouvant remplir l'espace qui semble légitimement pouvoir demeurer vide et cependant, encore, logique, est la réalité logique même. Espace pragmatique situé au-delà du terme, qui serait autre que celui qui consiste en l'inchoativité du terme. Par image, terme ultime qui feint de disparaître pour que le catégoriel -sens matériellement effectué- soit.

Alors que cet évitement se fait de lui-même, à condition qu'il résulte d'une contrainte protocolaire, autrement dit d'une opération initiale transgressante et qui s'accomplit. Ce qui est de l'ordre de la condition ordinaire d'accomplissement du catégoriel.

Cette anticipation de l'impossible, que son propre accomplissement, même en tant que récit anticipateur, devrait conduire à dénier, oblige à statuer que l'acte logique est toujours actualisation d'un récit. Car il n'est pas possible de concevoir une activité de récit à côté, en sus, de l'accomplissement catégoriel du sens. Si un récit récepteur détermine tout comportement conscient, ce récit anticipateur de l'accomplissement de l'impossible qui le préserve est un récit producteur, par le biais de sa propre dénégation protocolaire.

Il faudrait raccorder la question du faux (réalisation catégorielle de l'impensable) et la possibilité du récit qui s'affranchit des conditions de possibilité de l'acte catégoriel : le récit aveugle ? Le récit de ce qui ne peut pas se passer ? Lié à cette circonstance, que toute catégorialité est communication, est chose lue par l'autre (catégoriel et lisible sont synonymes), qui n'est pas le sujet protocolaire premier.

Cette création de cet autre sujet de la catégorialité qui ne serait pas le créateur mais seulement le récepteur, voire le spectateur de l'exploit catégoriel effectif, sujet qui est immédiat en tant que récepteur serait-t-il la positionnalité de l'erreur ? S'ajoute à ça qu'il n'y a d'erreur qu'accomplie, qu'expérimentée, qui créée - (mieux, la positionnalité de l'erreur est son propre accomplissement contradictoire).

Y a-t-il (peut-on mentionner) un moment <u>où l'erreur n'est pas encore erreur,</u> n'est pas encore protocolairement démentie, voire annulée ? Le faux est descriptible, on peut dire en quoi consiste le faux. Par exemple, caractériser une entité qui se définit par l'inexistence de toute caractérisation possible. Si le faux doit être « dénoncé », si, du faux, on doit dire la fausseté, du vrai également la possibilité d'en exprimer la véridicité doit être requise, peut-être nécessaire.

In extenso, le propos erroné devrait se compléter par la précision suivante : ceci se pense à condition de ne pas le penser, ceci se pense lorsque ceci ne se pense pas. Or, récepteur, lecteur, ce n'est pas moi qui pense ça et en ce sens cela n'est pas pensé, la non pensée, le « ne pas penser » en quelque sorte est la tâche qui me revient. On ne dira pas « ceci, je ne le pense certainement pas », on le traduit en « Ceci, l'autre et seulement l'autre le pense ». (Puisqu'il l'exprime. Il peut dire : je connais les attributs qui définissent la substance sans attributs, et voici comment c'est).

Pourquoi diable tout ça ? Pourquoi en est-il ainsi ? Nous ne pouvons savoir que ceci : C'est ainsi et seulement ainsi que <u>nous pouvons dire</u> que cela se passe, car le dire autrement est protocolairement auto-déniant. Ce segment catégoriel qui vient en plus de la borne du possible est le mode d'être constant de l'auto dénégation protocolaire. Il n'y a pas d'autre fin. Le logique est un retour en arrière à partir de l'impossible[329].

Le désir logique de mettre fin à ce processus dirimant, désir qui est malgré tout possible, est générateur de toute une foule de notions signifiant le saut logique, sous des formes multiples et historiquement répertoriables.

Ajouter à la catégorialité effectuée une zone de néant conceptuel nous libérerait des conditions restrictives, dues à la manière dont le sens a effectivement lieu, (conditions protocolaires en ce sens qu'elles concernent et le sujet et la matérialité investie dans ce processus), et qui peuvent sembler extrinsèques, marginales, contextuelles et dissociables. Cette sorte d'entité logique salvatrice, le « rien qui manque » peut également provenir d'un Sujet apte à proférer du sens non créé. Sujet auquel on attribuera l'étrange aptitude à prendre connaissance d'une catégorialité effectivement accomplie, sans avoir à la constituer. Quelque chose qui est par conséquent lisible, à condition de ne pas la lire.

La positionnalité de cette nullité logique au-delà d'un supposé moment terminal de l'accomplissement de la série de l'effectuation de la catégorialité, est la réalité expérimentée de la limitation de ce qui peut se penser. Possibilité impérative et irrévocable, comme il en va de la possibilité de dire « je pense, je suis ». Plus exactement, je ne pense pas que je ne suis pas et que en même temps je pense cette inexistence. On encore, je pense que je suis quand je pense que je ne suis pas.

Cet empêchement protocolaire (vécu, agi) est à son tour la positionnalité de l'idée selon laquelle il y aurait un « bord externe » du possible conceptuel, corrélatif de l'idée que l'indéterminé, l'impensé, est sans limite. Seul un hiatus dans la constance de l'événement catégoriel pourrait nous concéder un accès vers ce domaine de l'illimité.

Comme la positionnalité de ce domaine de l'illimité consiste justement en la réalité d'une limite (strictement protocolaire, autrement dit qui n'existe que lors de sa mise en œuvre), la suspension de cette circonstance annule également ce domaine imaginaire.

Ce qui n'empêche pas que de très nombreux penseurs (de toutes sortes, y compris mystiques) pourraient s'obstiner en ce désir logique. Ce qui est une condition intrinsèque au possible protocolaire. Dont l'effectuation consiste toujours en la perte de l'illimité[330].

La réalité de cet événement protocolaire est ce en quoi consiste ce qui pourrait apparaître comme une sorte de bord extérieur de l'effectuation du strict possible logique. Plus précisément, sa positionnalité. La nullité du fait logique qui eût consisté en le dépassement de ce bord peut être lue comme la réalité d'une nullité logique ayant quelque réalité catégorielle, ou pouvant être affectée de conversion catégorielle.

Ce vide postulé par l'effectuation catégorielle (et à partir duquel seulement on pourrait mentionner un « achèvement ») a donc une réalité, protocolaire et inévitable. On pourrait dire aussi exactement que cette vacuité est une fonction dans l'effectuation matérielle du sens. On pourrait un peu parodiquement parler d'un « f_c », ce « c » signifiant « creux ». Ça vaut abréviation et rien de plus.

Cette entité logique est positionnellement indéniable, ce qui n'autorise pas à l'asserter directement. Cela « ne se voit pas », mais peut être le thème d'une matérialisation fictionnelle. Le vide papier que la blancheur défend, frère de la goutte d'encre, obscurité relative à ce que quelque chose soit. Par exemple. Soit qu'il n'y a pas d'acte logique, soit qu'il est impossible de réduire cette fonction locale, que ce soit par évitement, par dépassement ou par régression[331]. Ce que l'on pourrait appeler notre « conscience logique » est cette vacuité fantôme.

Image qui reprend simplement le constat qu'il y a nécessité protocolaire, ou que nul sens n'existe sans travail catégoriel. Ce serait la description de cette fonction d'un point de vue « dynamique ». En fait, c'est un des modes de catégoriser cette condition matérielle voire mécanique qui consiste en ce qu'il ne peut pas y avoir ni arrêt ni saut logique. Cet interdit n'opère que lorsqu'il est mis en œuvre par le travail effectif de catégorialité[332]. Et il doit être mis en œuvre. Ce « il doit » est restreint par la condition suivante : « si et seulement si quelque réalité logique existe et aussi longtemps qu'elle existe ».

C'est la réalité protocolaire de la liberté et de la contrainte à l'historicité, bonne, mauvaise, indifférente, peu importe. Et certainement mortelle. Liberté indéniable, faute d'anticipation du non accompli, mais exclusive d'autonomie. C'est le mode dont l'inconcevabilité est créatrice. Et le protocole de son retour dans le possible. Ce qui scelle activement l'immanence du sens.

C'est la positionnalité de l'au-delà, l'impossible transcendance de la transcendance[333], et le mode accompli dont il n'existe pas. L'impossibilité de cet « au-delà » radicalement transcendant doit consister en un acte, soumis aux conditions qui déterminent tout fait protocolaire. Être déterminé par la matérialité des moyens qu'un tel acte met en œuvre[334].

Si le non-logique ne se conçoit pas sans contradiction positionnelle, la séquence descriptible de la transcendance locale, qui consiste en la conversion immédiate, mais effective, de l'ontologique en logique permet de le représenter[335].

On dispose aussi de représentations « en creux » de cette fonction de vacuité terminale Le détachement mystique, l'esprit vide (et exempt de tout préjugé), et toute une galerie de figures à retrouver ou à inventer soi-même[336]. Mais ce ne sont là que des déguisements stylistiques de la chose.

Si le mode d'être de ce « creux » est l'acte de comblement, il peut être sauvegardé de deux façons. Soit par le caractère inépuisable de sa reconstitution, soit par la catégorisation d'entités qui le comblent sans l'affecter. Dans l'atelier de fabrication de telles entités on exerce un artisanat fruste et transparent, qui consiste à attribuer à une chose des qualités auto déniantes. L'exemple majeur est Dieu, l'être exempt de tout attribut, ou ce qui revient au même de touts les attributs que l'on veut, ou encore, qui se caractérise par une chaîne infinie d'attributions négatives. Il suffit de statuer que nulle chose, en sa présence, n'entraîne l'absence de Dieu, pour que ce support à qualifications soit investi d'une présence absolue, ou de la présence de toutes les présences, ce qui est une manière proche de l'ironie (et même de l'humour) de statuer qu'il n'a aucune présence, car justement une présence consiste en l'exclusion de toutes les autres. On pourrait commencer par là, mais on y perdrait beaucoup de texte.

Investie de positionnalité réelle, cette fonction (f_c) ne manquera jamais, et ces deux affirmations sont strictement équivalentes. On pourrait concevoir sa disparition si on pouvait concevoir (réaliser catégoriellement), sans contradiction protocolaire, l'inexistence de tout fait logique, y compris l'existence de cette conception elle-même. Il est aussi impossible d'asserter l'existence d'un tel vide, ce qui serait une contradiction protocolaire, qu'il est nécessaire d'asserter la nullité protocolaire de l'inexistence de ce vide.

Cette impossibilité catégorielle de la non nullité du vide logique au-delà du terme est son unique mode d'exister. Ce point de la linéarité imaginaire où aboutirait la séquence de la catégorialité, est de même la réalité de l'indétermination locale qui caractérise le développement de la production catégorielle, identifiée par Descartes (repris par Sartre) comme le libre arbitre conceptuel (Méditation quatrième). Point imaginaire, susceptible de représentations fictionnelles, poétiques, mystiques, dont la réalité est strictement fonctionnelle, et qui n'existe que pendant le temps que de la catégorialité se produit.

f_c signifie que l'acte catégoriel est hanté d'initialité. (Ce qui est une illustration de l'absolue précarité du fait que quelque chose comme la catégorialité existe).

Pour faire une phrase et utiliser une fiction, je pourrais dire, et je le fais, que l'indifférence logique serait le souffle même de la divinité créatrice du sens (Descartes encore, Méditation Quatrième, texte sur l'indifférence logique, qu'il étend à l'indifférence morale). C'est tout ce que nous avons en guise de suspension. C'est la respiration du sens[337]. Et la localisation exacte de sa mort.

La positionnalité de ce « vide » se réduit à la certitude protocolaire du « non vide » ou du [non (non logique)]. L'identité unique et indépassable de ce « vide » est ce non-vide. La réalité protocolaire de ce vide illimité se réduisant à la condition dite « le non-vide logique », condition locale et effective. Il n'est pas possible de limiter conceptuellement l'étendue d'un tel vide, ni ce de quoi il est le vide. Positionnalité et de tout le logique, et de la mortalité du logique. Et fondement de l'illusion (inconcevable, exclusive de constitution catégorielle non auto déniante) d'un au-delà de cette mortalité.

Que la réalité logique du [non (non logique)], représenté[338] par le « saut », le hiatus, la nullité logique quelconque (etc.) soit un fait protocolaire, et doive être un fait protocolaire (une action contextualisée par des conditions matérielles) est ce en quoi consiste la positionnalité de cet « inconcept », ou concept auto-déniant au moment catégoriel de sa réalisation.

C'est la certitude protocolaire qu'exprime la tautologie protocolaire suivante, « mentionner le non logique est un acte logique » [339]. La constance et l'identité de ce « vide » consiste en cet accomplissement de sa négation, négation spécifique, relative à ce qui le dénie. C'est donc une constance protocolaire, perpétuellement recréée. Positionnalité aussi de cette catégorie de l'inconçu, le « vide total », qui n'étant le vide de rien de particulier, étant le « vide de rien », est tout simplement l'acte de sa propre dénégation.

Tout vide ne nous est pas accessible, car, s'agissant de ce vide logique total, le fait d'y accéder le dénie. Cette négation de la négation du logique est strictement locale, caractérisée, et agie.

L'identification de cette lacune qui se comble, limitée, déterminée et inévitable, est la réalité catégorielle du non logique qui succéderait au logique, objet qui a ainsi une réalité logique. La stricte condition protocolaire qui restreint la possibilité d'un dépassement (ou l'unicité de la transcendance, réduite à la conversion locale et immédiate et irréversible du réel ontologique en réel logique) est constitutive de la possibilité de l'idée de « tout le logique », ou « le logique tout entier ». Concept qui est constitutif de celui d'un vide total, dont on ne peut limiter l'étendue, ni identifier ce de quoi il est vide. C'est le mode dont existe conceptuellement la mortalité réelle du logique. Mortalité locale et effectuée contradictoirement. Et fondement de l'illusion (inconcevable, exclusive de constitution catégorielle non auto déniante) d'un au-delà de cette mortalité[340].

Poser la lacune du logique tout entier est dénier le fait qu'il s'agit toujours du « logique tout entier » <u>sauf un cas</u>, le cas qui actuellement se déroule (on ne peut dire « qui s'accomplit ») et qui épuise son propre possible. Par exemple, l'acte logique qui consiste à poser une totalité du logique, dont il est lui-même exclu. Si jamais une occurrence logique s'achevait, le « logique tout entier » serait identique au nul logique. Le sens vit d'une privation locale.

Donc, cette lacune absolue, lieu du concept de « logique tout entier » est toujours relative au fait logique qui actuellement se déroule, sans exception. Même éternuer[341] n'échappe pas à cette sorte de « manque océanique », où se résout la question, pour le sens, d'être ou de n'être pas. Ce qui n'entraîne pas la possibilité positionnelle d'un sujet de cet acte supposé par lequel le logique constituerait sa propre inexistence. Ce qui est la positionnalité du sujet impossible, l'autre sujet que le premier sujet protocolaire, immédiatement constituant de la réalité catégorielle. Sujet dont l'existence instrumentale apparaît dans la problématique du « sujet à gauche », qui générerait la série interminable d'un « je pense que je pense que je pense » et ainsi de suite, particulièrement à l'œuvre dans la troisième Méditation Métaphysique de Descartes.

En tant que fonction implicite dans l'achèvement du fait logique (qui ne survit pas par lui-même, sans implication protocolaire, sans que « quelqu'un le fasse » comme il peut et avec ce qu'il y a) c'est relativement à tout le logique qu'il peut y avoir que cette lacunarité se pose. Comme une chose à laquelle nous n'avons pas accès, réduits à l'ici-bas du possible protocolaire. Le sens est une « terre promise ». L'inexistence du sens est une « terre promise ».

Même si son extériorité est une détermination interne au logique, et en tant que telle constitutive de ce en quoi le logique consiste, sans que nulle résolution méthodique ne puisse l'annuler ou déloger, il est pertinent de statuer que le logique est limité. Cette limite est protocolaire, et doit sans cesse s'accomplir. Elle existe quand et seulement quand sa dénégation s'annule par l'acte même qui prétend l'accomplir.

C'est de cette façon, qu'en raison de la mécanique protocolaire qui contraint l'effectuation matérielle du sens, que le manque terminal provenant du fait que toute anticipation est accomplissement, figure, selon une image empruntée à L'être et le Néant, une Passion (sens évangélique) de la transcendance du sens qui est ce en quoi consiste la production du logique.

Si le commencement de la réalité du logique, autrement dit de l'effectuation du sens qui serait la condition de possibilité de tout autre accomplissement logique, pouvait exister, il devrait être déjà un fait logique relevant de cette même condition initiale.

Cette condition n'est pas aporétique, et la requête d'initialité n'est pas abrogeable, dans la mesure même où la question de cette antécédence logique se conçoit. On peut feindre qu'il n'en est rien, mais une telle attitude, pour reprendre la formule de Mallarmé est *fort indifférente en art*[342]. De l'effectuation de sens doit manquer, pour qu'un tel moment initial relève de la réalité logique. Or, cette précession d'un manque n'a de réalité que relativement au fait qui s'ensuit, et qui l'abolit sans l'annuler. L'initialité logique consiste en un fonctionnement constituant, et non dans une réalité logique particulière. Du *cogito sum* on ne peut pas extraire deux réalités, en les séparant, à savoir un « cogito » et un « sum », un « je suis une chose qui pense » et « je suis j'existe ». La seule réalité de cette circonstance fondamentale, est protocolaire. Un fonctionnement constituant, qui requiert la réalité matérielle de tout ce qui participe à son accomplissement. Autrement dit, le sujet, et toute la contextualité qui le constitue, et dont il fait partie lui-même.

C'est de cette façon qu'il manque un fait logique, et ce fait manquant, aussi bien que son emplacement protocolaire, peut se caractériser.

Il ne peut pas commencer, car l'achèvement, ici comme en toute circonstance de l'effectuation matérielle du sens, précède l'anticipation. Son rejet, voire sa destruction, est un fait logique en plus, le strict équivalent de celui qui détermine et prolonge l'existence du fait logique manquant, dont il a ainsi pris la place. L'existence de ce manque est un fait protocolaire effectif, et nullement un état de choses que son constat ne créerait pas.

Cette lacune déterminée est produite par ce qui exclue son comblement.

Un tel fait logique manquant, ou lacune effective, ne peut pas non plus déborder « en deçà » de ce qui l'évince. Il ne précède pas l'accident en quoi consiste son exclusion, car c'est l'accomplissement protocolaire effectif de son anticipation qui constitue le fait logique effectif qui le rejette, et qui se constitue de le rejeter.

Le manque logique en ce sens est strictement immanent à l'accomplissement du fait logique actuel. Autrement dit, sa condition d'existence est d'ordre protocolaire. Il est strictement déterminé par son avatar effectif.

Fait logique en même temps commençant et commencé qui serait inclus dans le commencement qu'il déterminerait tout en en provenant,

L'existence du sens effectué exclut la possibilité d'un fait logique strictement commençant. Même à titre de postulat, qui ne survivrait pas à la contradiction protocolaire, qui consiste en ceci que seul un sujet qui est déjà « sujet logique », en tant que sujet du logique[343], serait en mesure de produire un fait logique strictement premier, précédant même cette production, et inclus dans ce dont il est l'origine.

Le commencement requiert donc l'épuisement préalable de tout l'accomplissement logique qui peut avoir lieu, et qui contrarie la position d'un commencement. En quelque sorte, une extinction du logique en tant que production de faits logiques effectifs. Ce qui est une occurrence continue, et le mode ordinaire dont l'effectuation matérielle du sens se produit.

Cette annulation terminale est le lieu protocolaire de constitution du fait logique. Le doute radical figure[344] ce néant. Son impossibilité concernant son propre fait est un modèle d'initialité protocolaire irréductible. L'initialité positionnelle requiert cependant qu'il y ait quelque chose, plus exactement, que l'inexistence de toute chose soit effectivement et explicitement démentie. Cette condition ontologique n'a d'existence[345] que dans l'acte de sa conversion logique.

Car il n'y a pas de fragment de sens ni d'accomplissement partiel de son effectuation. Il y a accomplissement s'il y a annulation terminale de l'acte en lequel l'accomplissement consiste. Faute de quoi, il y manquerait quelque chose.

Que le commençant doive être lui-même issu de commencement (« commencé », en quelque sorte) n'est une aporie que si on méconnaît le fait qu'il n'y a d'initialité que fonctionnelle, et, cette fonctionnalité étant complètement caractérise par ce qui en constitue la matérialité effective (sujet et contexte, dont, lui-même, il fait partie) devra se désigner comme « protocolaire ». Il y aurait contradiction protocolaire (constitutive d'aporie) si on concevait la possibilité de penser un fait logique comme premier, et détaché des autres en tant que premier. Par exemple, « la chose qui pense ».

Cette fonction perdue[346] resurgit et telle que sa portée est entièrement dans le champ du logique et nulle part « ailleurs »

La positionnalité de ce fait logique commençant, perdue en raison de sa mise en œuvre, rend le commencement du logique strictement immanent à son propre accomplissement, autrement dit une fonctionnalité plutôt qu'une positivité (voire substantialité).

L'illusion d'aller outre les principes vers des applications conceptuelles ou pratiques provient de la dénaturation de cette condition protocolaire constituante du principe, qui le transforme en fonction protocolaire matérialisée par tout accomplissement effectif de la possibilité du sens. Il est donc concevable de créer des entités logiques qui en plus d'être constituantes réalisent une substantialisation de ce vide terminal où se constitue tout fait logique comme une occurrence non dépassable de l'au-delà[347] de l'effectuation du logique. Ceci se fait dès qu'un tel vide relatif à l'impossibilité d'anticipation logique[348] est désigné, ou caractérisé, ou qu'il sert de support à une catégorisation. Négative, comme il en va du Dieu des Méditations Métaphysiques, chaîne indéterminée de conjonction négatives. Que cette qualification soit impossible est une circonstance qui s'accomplit non pas par l'empêchement de la faire commencer, mais par le caractère intrinsèquement interminable de son exécution.

L'insistance de cette fonction de vacuité logique, qui se réalise par son interminable dénégation protocolaire[349] est la positionnalité (le mode d'être réel) du hiatus, saut, extériorité, rupture, disparition, qui sont des qualités permanentes du possible logique. Intrinsèques au mode ordinaire dont le fait logique a lieu.

Elle resurgit par cette perte lorsqu'elle se réalise entièrement (ou : lorsque sa réalisation entière n'est pas dissimulée derrière des réalisations partielles et en retrait par rapport à cet achèvement : comme il en serait du vide déjà inclus dans le moment m+l et succédant au moment m, par exemple).

Ce vide qui dure le temps de son annulation ne peut pas disparaître, sauf s'il n'y a aucun logique[350]. Ce propos, qui semble avoir pu se concevoir, est cependant totalement exclusif de catégorialité[351]. Si ce vide n'existait pas, le vide correspondant à cette inexistence ne serait pas un « vide de logique ». Tout vide qui se caractérise, qui s'annonce, qui se mentionne, est un fait logique, même si son mode d'accomplissement est son annulation protocolaire. Il suffit que cet acte d'annulation soit requis pour obtenir qu'un tel vide s'annule, pour que sa

réalité de chose annulée consiste en une réalité logique, un accomplissement logique, l'accomplissement du logique.

NOTES

1 Même accomplie par une machine programmée et dotée d'une voix synthétique.

2 Un propos exempt de cette condition privative s'illustrerait d'une glose du propos de Descartes (Troisième Méditation) : *Ce propos est vrai toutes les fois que je ne le prononce pas, ou que je ne le conçois pas en mon esprit.*

3 Au moyen, par exemple, du précepte suivant : que dans une précession logique imaginaire le mot « précession » puisse se lire démontre que la précession logique de fait n'est pas une détermination nécessaire du texte qui commence

4 Impossible logique ou inconçu.

5 Que l'on pourrait désigner comme : institution textuelle effective

6 *L'encrier, cristal comme une conscience, avec sa goutte, au fond, de ténèbre relative à ce que quelque chose soit.* (Mallarmé, <u>Quant au livre</u>)

7 Plutôt que « sujet du logique » qui serait, lui, une chose non catégorielle

8 Hegel, Logique

9 Descartes, Troisième Méditation

10 Sartre, l'être et le néant

11 On encore, « pour faire formule », le sens est le conatus de l'être, le logique est le conatus de l'ontologique.

12 Ou « noétique », ou « sémique » ou plus précisément catégoriel

13 Plus classique mas plus restreint on peut lire « signifiant »

14 Le bon sens, un certain bon sens, dira que le sujet possède la capacité de parler, de produire le texte qu'il veut quand il veut, d'écrire La République ou bien une lettre à sa tante. Et que, jusque là, il la boucle et il n'y a pas de texte.

15 Discours de la méthode

16 Et autres discours portant sur des « mystères »

17   Qui peut consister dans le langage des grenouilles, selon Jean
      Pierre Brisset

18   La différence par exemple entre une axiomatique et la tech-
      nique divinatoire populaire dite de la « numérologie ». Ou
      encore entre la catégorisation du processus historique dans le
      marxisme et la constitution d'une société communiste, vers
      un monde communiste.

19   Platon « Hippias Mineur »

20   Ce truisme, banalité, lapalissade (etc.) vaut par ce qui le con-
      tredit, à savoir que quelque chose est en dehors du domaine
      du sens effectué, et que je le sais (« je » ou un quelconque
      représentant du « je »), et le dit sans auto dénégation.

21   Imagine-t-on « du sens » qui serait non pas un travail mais
      une réalité objective que l'on observe et dont on rend
      compte ? ce « compte rendu » étant bien entendu autre chose
      que le sens rapporté ?

22   Exemples : joie poétique, banalité voulue, certains écrits psy-
      chotiques, certaines formes d'art corporel ou documentaire,
      l'interdiction de trouver du sens ailleurs que dans des textes
      « sacrés » (qui sont sacrés à cause de cette utilisation) et ainsi
      de suite.

23   Dont le cas le plus notoire est la racine du marronnier dans
      La nausée, de Jean-Paul Sartre, mais ça aurait pu être un ni-
      veau formel encore plus rudimentaire

24   Les mythes de l'origine avant la corruption due au langage
      réagissent à cette contrainte et protocolaire et absolue.

25   La totale soumission au niveau phénoménal de la connais-
      sance, réductrice et voulue, de Freud et de Marx (contre l'il-
      lusion) en sont l'exemple parfait.

26   Nulle imputation ontologique en ce constant. Lire « est »
      comme : « ce en quoi consiste son ostension »

27   En style quelque peu pédant, ce « retour du logos sur le lieu
      de sa perte »

28   Descartes Troisième Méditation

29   En quelque sorte un néant exempt d'abolition par ce dont il
      est le néant.

30   Descartes, Méditation Première : *il se peut faire qu'il* [Dieu]
      *ait voulu que je me trompe toutes les fois que je fais l'addition
      de deux et de trois*

276

31	Descartes, Méditation Troisième : *la pierre qui n'a point encore été*
32	Déplacement, rotation autour d'un axe quelconque de tous les axes possibles, partie visible et partie cachée, multiplicité implicite de témoins, éclairage, et ainsi de suite.
33	Pour ne pas distendre le texte, cette forme raccourcie de la double négation remplacera la formule entière [non (ne pas)].
34	La goutte d'obscurité au fond de l'encrier de cristal, qui est à relativement à ce que quelque chose soit, déjà citée (Mallarmé)
35	Discours sur l'Inaccessibilité, L'Occultation, L'Approche, La Manifestation etc. et tout le carnaval fameux de l'Être en tant qu'Être.
36	De ce fait, l'impossible nous contraint à déchiffrer quel est le possible de cet impossible (comment se fait-il par exemple, que « Dieu » se dit. cf. bien entendu la réponse de Descartes et son débordement vers l'ontologique)
37	« Acte » sans sujet, en ce sens que le sujet lui-même est dépendant d'une positionnalité réelle.
38	Comme un texte
39	En retrait de cette notion, on pourrait dire « pratique, pragmatique, fonctionnelle, dynamique », etc.
40	« Humaine » par redondance, d'autant plus qu'on lui oppose du « outre-humain », du sous humain, du para humain. Le fait de pouvoir dire « humain » ne suppose pas l'existence d'un autre sujet logique, autre que cet « humain », déterminé en creux par la détermination de « humain », (l'attribution de « humain » au sujet de l'acte logique est un raccourci pour la double négation de fait, « non/non humain », pour autant que je le sache, et pour autant que je sois humain).
41	Figuré multiplement, comme esprit, logos, etc.
42	Cf. l'Inquisition catholique, et tous les autres terrorismes connexes de toute religion révélée. Actuellement, surtout islamique.
43	Série réelle et série simulée : réelle, celle qui est en train de se dérouler continuellement ; simulée, celle qui se manifeste (s'établit) par rétrospection, après-coup.
44	Et combien de penseurs notoires ne sont-ils pas cet ange de l'outre tombe !

45   cf. Descartes, la diversité des idées prises en leur réalité objective

46   Qui peut être jubilatoire

47   La pensée est toujours un récit récapitulatif.

48   « Formation logique » se dirait par figure « voir une chose ».

49   Synonyme de positionnalité.

50   Certains modes de divination, comme le marc de café par
exemple, relèvent de cette condition d'existence de l'objet logique. L'erreur ici consiste à prendre cette fertilité logique de
n'importe quoi par une occurrence exceptionnelle dans un
« champ épistémologique » singulier (la baraque de foire qui
abrite la voyante).

51   Banalité, sauf en vérifiant que cette condition est première,
irréversible et indépassable. Et que ces caractéristiques sont
des faits vécus.

52   L'illusion logique est un des aboutissements (dont l'autre est
la position critique) du désir logique qui est constant et irréductible.

53   Trans-protocolaire

54   Il faut relire ici le passage du protocolaire au descriptif dans
les Méditations Métaphysiques

55   Un discours vrai travaille à rejeter sa propre possibilité de
transgression, en se soumettant activement à la condition protocolaire qui en détermine la possibilité.

56   Identifier ce qui est le plus primitif dans l'acte de pensée est
un acte non primitif. Le mode d'être logique de cette entité
conceptuelle identifiée comme primitive (Sujet, Être, Dieu,
Logos, continuez.) est donc de ne pas être primitif.

57   On ne catégorise pas du catégorisé.

58   Je constate que je pense, et que ce je qui pense ne peut pas ne
pas être quand je le pense.

59   Le bien connu « je pense que je ne pense pas, je pense que je
ne suis pas, je pense que nul ne pense » etc. illustre ce protocole, réductible à l'annonce : « je le dis ». Demeurer dans le
protocolaire est ne pas quitter cette contrainte productive locale malgré la forme séquentielle qu'elle affecte. Mais si la
réalisation du sens la plus « atomique » qui puisse se concevoir n'était pas déjà une séquentialité, nul discours ne pourrait

s'enchaîner. Cette condition paradoxale nous fait dire quelquefois « quelqu'un pense ceci »

60   Sauf si un sujet non humain en détient un savoir non humain, et parvient à nous transmettre son savoir. « Unique mode d'être » se complète par l'expression « qui puisse se dire ». S'il existe un déterminant qui ne peut pas se dire, et qui existe avant le déterminé (ou au-dessus du déterminé) on n'en dira que ceci, que cela ne se dit pas. On peut même dire que cela ne se dit pas, en le disant tout simplement.

61   Descartes, Méditations Métaphysiques on l'aurait deviné.

62   Protocolaire, pour éviter de dire « dynamique », ou « pragmatique », termes trop lourdement connotés

63   Passage célèbre, je suis, j'existe ; cela est certain ; mais combien de temps ? À savoir autant de temps que je pense.

64   Support à des aller-retour, à des dérivations en réseau.

65   Quant à la réalité non catégorielle, réelle, nous n'en savons rien dire. Même le « réel tout court » est un mode de catégorisation, littéraire, mathématique, cosmogonique, journalistique, et ainsi de suite.

66   Triste ou jubilatoire, vécue ou évitée, aimée ou haïe, ou toutes ces choses et bien d'autres à la fois.

67   Sortir du présent ce serait aller le perdre ailleurs.

68   Si elle a lieu (pure hypothèse)

69   Ce qui est exclusif de catégorialité, et qui existerait cependant, et qui serait « du sens » cependant. Pour qui, nous l'ignorons avec certitude.

70   Une façon de caractériser la certitude privative réduite au constant de l'auto dénégation du déni.

71   Et même trivial, si l'on considère l'existence de l'univers comme un fait.

72   Ne pas ajouter « extérieur ».

73   C'est en ce sens que l'on peut lire le propos de Kierkegaard, sur la responsabilité absolue du penseur, due au fait que l'on n'a une pensée qu'une seule fois

74   Différent du propos « cette phrase que je dis n'est rien ».

75   Une autre question consiste en ce qu'il y ait de l'impossible, de l'inarticulable, de l'auto déniant. Question qui ne se pose pas à part d'avec la simple catégorisation du mode effectif dont le sens nécessairement s'effectue.

279

76   Ce par rapport à quoi nombre de penseurs boudent. Ce qui permet de statuer que l'on connaît cette coupure, et son caractère en même temps aléatoire et brusqué. Le sens (pas plus que la vie) n'attend pas le sujet, et ne fait pas sa place à ses infinies virtualités d'en produire.

77   La question « qu'est-ce que penser », « qu'est-ce que la pensée » n'est plus de ce monde, la pensée la devance. Il est cependant requis de chercher à catégoriser ce en quoi penser consiste.

78   En tant que fonction noétique

79   En dresser la liste est une besogne éternelle. Il faut ajouter « ... s'il y a là quelqu'un ».

80   Dans une échelle qui irait du minimalisme extrême (carré blanc sur fond blanc) jusqu'à l'extrême hyper réalisme, (voire installations, art corporel, ready made, etc.) l'art plastique est un théâtre évident de ce conflit logique.

81   L'impérissable fleur de Mallarmé n'est jamais la fleur présente, même si elle est présente et que c'est elle-même qui sert à dire qu'elle est. Et d'ailleurs, le mot « fleur » est une fleur comme les autres, laquelle est un mot comme les autres.

82   Renaissance, inspiration, illumination, enracinement, retour aux sources, diachronique ou synchronique le chemin vers ces territoires contredit le fait que l'on puisse y parvenir.

83   Le suicide pour « atteindre à l'absolu » ou pour parachever la non existence du sujet, requise par ce qui ne peut pas être, afin d'être, n'est pas un événement rare. Détruire ceux qui portent atteinte à l'intégrité et à la réalité d'un énoncé impossible est également un biais très souvent utilisé. Et même à très grande échelle. On peut également se crever les yeux, ou en emprunter d'autres. On sera alors professeur ou prophète.

84   Dans l'allégresse, dans le désir, dans l'horreur, dans l'angoisse (et voici encore la racine du marronnier de La Nausée), le mode d'être de cette soumission à cette écriture n'est jamais purement « neutre », technique, objectif.

85   Et le morse électronique qui fonctionne paraît-il dans les ordinateurs.

86   Non pas au sens de « réalité profonde » mais au sens seulement de positionnalité, ou condition effective de possibilité de ce qui semble contredire le possible.

280

87   En utilisant quelque messager, ou possédé, ou initié, apte à nous en communiquer la teneur.

88   Bien reconnaissable ici, le *vide papier que sa blancheur défend* de Mallarmé (Brise Marine)

89   Sens effectué, jamais « en général » mais sous forme occurrente de signal, signe, symbole, icône, symptôme, et tout ce qui peut se lire, et qui existe comme lecture.

90   En ce sens, c'est écrire qui écrit. Malgré la vision balistique d'un écriveur duquel l'écriture est issue.

91   Troisième méditation : *la pierre qui n'a jamais point été, non seulement ne peut pas commencer d'être* et : *le néant ne saurait produire aucune chose* et plus loin : *pour imparfaite que soit cette façon d'être, par laquelle une chose est objectivement ou par représentation dans l'entendement par son idée, certes on ne peut pas néanmoins dire que cette façon et cette manière-là ne soit rien, ni par conséquent que cette idée tire son origine du néant.*

92   cf. Descartes, Troisième méditation : mais les considérant [les idées des choses] comme des images, dont les unes représentent une chose et les autres une autre (cf. supra)

93   Par redondance, ajoutons : « pour nous ».

94   Du moins ne pouvons-nous pas le savoir.

95   Tout ce dont il peut être question, d'une manière ou d'une autre, a une réalité catégorielle, tautologie protocolaire mais qu'il convient de ne pas oublier. Cet oubli étant bien entendu une opération catégorielle.

96   « Fonctionnelle avec sujet » se dit : protocolaire

97   Doit se catégoriser, ou doit exister dans le logique.

98   L'énonciation auto déniante est permise parce que la certitude s'arrête à la double négation, ou négation de l'impossible (négation de la négation du possible), sans que le possible ne puisse se définir d'emblée. L'objet qui soutient cet auto déni est déjà présent dans la double négation, en tant qu'impossible niée par son propre accomplissement. L'énonciation auto déniante est une tentative de remonter en amont de la négation, pour retrouver l'impossible qui subit ce déni quand et seulement quand il s'énonce.

99   « Ce qu'il en est » nul ne peut le dire. Une chose est son propre nom, pour nous.

281

100   Au sens de « pour qu'un sujet puisse être ».

101   Impossible à dire correctement, car impossible à dire tout court. Le présent texte subit lui-même toutes les restrictions qu'il énonce.

102   En utilisant l'orientation occidentale de l'écriture, mais aussi de la convention géométrique qui va de gauche à droite et de la lecture d'une égalité.

103   Positionnalité en tant que cause de la catégorialité de l'impossible. Exemple, comment peut-on dire : « Dieu » ?

104   Le déni ne porte que sur la chose qui se dit, et sur le fait de le dire la chose elle-même existerait peut-être, peut-être ben que si, peut-être ben que non.

105   Ce qui est la matière même de toute production fictionnelle, poétique, ontologique, mystique, utopique, idéologique, (voire pour ce qui concerne les idéologies meurtrières).

106   Figurée, mimée, jouée, etc.

107   Platon, Parménide 18 d : cailloux, morceaux de bois et le reste.

108   Peut-être la croyance en un dieux ou en des dieux, et ses paradoxes, ainsi que l'annulation radicale de dieu, une fois pour toutes, représentent-ils ces deux extrémités paradoxales du lien de dérivation logique.

109   Nécessité protocolaire, celle que nous apprend Descartes en disant *je suis j'existe cela est certain ; mais combien de temps ? À savoir, autant de temps que je pense.*

110   La nécessité définitionnelle que rien ne précède le terme fondateur

111   Les réponses sont connues. Si quelqu'un l'ignorait, par impossible, il lui suffirait de feuilleter Augustin et Descartes

112   Il est hétérogène à ce texte de décrire une sorte de typologie du fondamental : logique, ontologique, métaphysique, scientifique, éthique, mystique, différents mais identiquement caractérisables relativement à la condition dirimante dite « le cogito », à savoir que l'énonciation en est le juge ultime.

113   Ce « penser » étant borné à une assertion d'être, car je pense est absolument transitif, comme l'on sait, même si je dis seulement que je pense que je pense. Le deuxième « je pense » étant la chose que dire « je pense » implique.

[114] Utilisez ici le mythe de l'apprenti sorcier (Goethe, Pal Dukas, Walt Disney) en guise d'illustration.

[115] Champ du sens matériellement effectué

[116] Au sens nullement élevé de pratique de la non dénégation, ou identification de l'auto dénégation en quoi consiste l'énoncé impossible quant à sa propre énonciation.

[117] Nécessité qui ne vaut que quand elle a lieu, et qui est strictement protocolaire *cela est certain ; mais combien de temps ? À savoir, autant de temps que je pense* (Deuxième méditation)

[118] La valeur catégorielle de n'importe quelle manifestation a été sinon démontrée profondément argumenté par des psychanalystes, mais tout spécialement Balint, exerçant dans le cadre de la médecine ordinaire. Le médecin, le malade et sa maladie PUF 1960.

[119] Terminalité ou effectivité non protocolaire (« non agie »), comme par exemple celle qu'illustre ce qui se dit d'un « texte sacré » quelconque.

[120] Citation devenue triviale du propos de Sartre dans « L'être et le néant », *L'homme est une Passion inutile.*

[121] Une fois de plus, se rappeler chez Borges (Fictions) l'écrivain qui écrit, actuellement, le « Don Quichotte ». Identique mot pour mot, et entièrement autre.

[122] Y compris la liberté du refus de sens, autrement dit la mort du sujet et ses nombreuses simulations.

[123] Même s'il ne s'agît pas du nez de Cléopâtre.

[124] Et tant de bêtes fameuses ! L'Être bien entendu, et ses multiples expressions et figures, dont l'une des plus fameuses est le « quadriparti » exprimé par Heidegger, avec le concours d'Aristote et de Hölderlin, vision apocalyptique de la quadrature de l'être, divisée en Humains, Dieux, Ciel, Terre. Ça vaut le déplacement.

[125] Ce qui, n'étant pas encore un fait de répétition, s'apprête à le devenir

[126] Les guillemets rappellent que le sujet catégorisant n'est rien en dehors de l'acte catégoriel.

[127] On peut tenter de l'accomplir « si rapidement » que son impossibilité passerait inaperçue, et que même le sujet de cet

exploit ne s'en apercevrait pas. Par exemple. Il y a un répertoire à faire des techniques de la dénégation

128 « Pour nous ». Il n'en irait pas ainsi pour l'esprit de dieu, mais
cela ne parle pas.

129 Peut-on aller plus loin que cette « non dénégation » et inclure
dans la classe des objets « positifs » qui le seraient donc avant
de se produire une position ou fait logique - toujours de type
positionnel- quelconque ? Il est bien évident qu'il faut at-
tendre que cela soit pour constater tout d'abord que cela est
non nul quoi qu'on fasse.

130 Sujet constituant, mais avec tout ce qui existe. Co-consti-
tuant, avec le monde, du sens qui s'effectue.

131 Au sens grec de colonie

132 Dans le cas dit du « cogito », c'est en « ce qui se pense » et
pour ainsi dire au profit de la chose qui se pense que ce « je
pense » s'exclut en tant que tel. Ce qui se figure dans la description de l'icône ontologique, qui s'exclut dans l'étant, cette
exclusion demeurant perpétuellement active. Mais ce n'est
qu'une représentation calquée sur le fondement protocolaire.

133 Possible logique, possible conceptuel, possible dans l'ordre
de la pensée

134 « Nulle pensée ne s'anticipe ».

135 Toute chose ontologiquement déterminée apparaît comme un
élément d'une série indéfinie de conjonctions. Que « ceci
soit » se dit « et ceci est ».

136 La grande ascèse cartésienne correspond strictement aux
conditions de possibilité du fait logique réel. Autrement dit,
l'acte de Descartes mime exactement ce qui pourrait être le
récit (imaginaire) de la constitution du logique, ou de l'effectivité du sens. Ascèse à laquelle on risque de faire succéder
un vaste laisser-aller glouton. Comme l'homme alcoolique
qui boit un coup pour fêter sa toute récente abstinence.

137 Équivocité qui autorise la poésie, et toute fictionnalité

138 Ou de claustration dans l'univoque, Qui peut correspondre à
une entreprise esthétique, poétique, philosophique, mystique,
délirante, criminelle, etc.

139 Mais cela est une autre histoire, et une autre étude à faire.

140 Diversité postulée par Descartes en vue d'établir la réalité formelle d'une idée. La différence prouve la transcendance. […]

284

des images, dont les unes représentent une chose et les autres une autre il est évident qu'elles sont fort différentes les unes des autres.

141 Descriptible cependant, car le non effectuable se décrit ou bien comme tel, ou bien en tronquant le commentaire qui porte sur son effectuabilité. Car tout énoncé, implicitement, dit « cet énoncé est effectuable », ou « je suis possible ». C'est ce que l'on dit fondamentalement.

142 Méditations métaphysiques. « Regarder » une idée en sa valeur objective devrait être la réalité formelle d'une autre idée. Le centaure en tant que manière de penser existe formellement dans l'idée qui le pose comme simple manière de penser, ou réalité objective de cette idée. Le centaure est la réalité formelle de la pensée qui l'énonce en tant qu'idée au sens objectif (« manières de penser »).

143 L'omniscience divine est cette impuissance, cette mutilation absolue et sans reliquat de la faculté du sens.

144 Et sans que nul sujet ne prenne connaissance de ce fait.

145 « Neutralité » logique qui ne pourrait consister qu'un une mort logique, catégorisation aussi aporétique que celle de toute mort.

146 Y a-t-il un Dieu sans prophète, sans chamane, sans porte voix, traducteur, interprète, et quels que soient encore les autres noms de cette fonction annonciatrice ? Qu'un sujet soit nécessaire et indéniable n'est somme toute que l'acte d'un sujet. Mais la dénégation d'un sujet requérant un sujet, la nécessité du sujet consiste en cette inépuisabilité de la série des sujets. Affirmée par un sujet.

147 La statue de Condillac (Traité des sensations) juste avant la première impression subie ?

148 Et, si de tels mots pouvaient exister, on dirait : plutôt une mêméisation de l'autre qu'une altérisation du même.

149 D'une idée claire et distincte.

150 À l'image de la dérivée d'une fonction en mathématique

151 Mais il est possible de différer ce désastre de l'impensable en le disant interminablement.

152 Peut-il se concevoir qu'il y ait un fait qui ne soit pas un fait propre du logique ? Et comment faut-il comprendre, alors, ce « il y a » ?

285

153 « du » entre parenthèses, car le monde est (s'il est quelque chose pour nous) catégorialité.

154 Même de nature mathématique, ou logique, sous forme d'un enchaînement déductif

155 Présenter un processus.

156 « Que cela existe, ou non ».

157 « Ce me semble », bien entendu. Dieu sait ce qu'il y a vraiment dans les Méditations Métaphysiques.

158 Notamment en ce passage : tout le temps de ma vie peut être divisé en une infinité de parties, chacune desquelles ne dépend en aucune façon des autres, et ainsi, de ce qu'un peu auparavant j'ai été, il ne s'ensuit pas que je doive maintenant être, si ce n'est qu'en ce moment quelque cause me produise et me crée, pour ainsi dire, derechef, c'est-à-dire me conserve.

159 La tentation de l'imputer à un sujet transforme ce sujet en la chose logique qui constitue l'idéalité matérielle en quoi consiste cet acte logique.

160 Comme il semble, chez Descartes, que l'on peut « avoir une idée à l'intérieur de soi », et que l'on peut observer cette idée.

161 Comme ce qui apparaît dans des discours de l'impossible, de type mystique, magique, ou ontologique au sens du mystique et du magique. Le zéro, le lieu vide, la case vide, le néant, le manque, le mystère etc. ou encore leurs frères jumeaux « pleins » comme « dieu », surtout « dieu » et tous les autres noms de ça.

162 Le « manque en général », le vide logique indéterminé est un possible auto-déniant, exclu par le fait même en lequel consiste sa détermination. Ni avant la chose, ni après la chose, le vide logique est le manque exactement de cette chose. Et support de la douleur de manquer ce manque.

163 Le temps que prend la constitution matérielle du sensé. Si du sens pouvait ne pas être un fait matériel, il serait instantané, et absolument inconnu.

164 Sinon, il n'y aurait pas eu des « quêteurs de sens » (différents de « fournisseurs de sensé »), philosophiques, mystiques. Socrate, Anselme, Augustin, Descartes. La positionnalité de cette attitude de quête (voire passionnée, voire angoissée) consiste en ceci que c'est là le zérotage de l'attitude logique

la plus ordinaire, en raison de la contrainte protocolaire qui amoindrit le sens. Sans quoi cela ne serait rien pour nous.

165 « Pensée », un nom qui abrège « réel logique », fait irréductible, irréversible et impensable.

166 Mode d'existence de la catégorialité, qui consiste toujours en une énonciation. « Voir » est énoncer, ce qui veut dire également que « voir tout-court » n'existe pas.

167 À titre d'illustration, sans intrusion scientifique ou prétendument scientifique.

168 Cet événement est le mode d'existence du fait logique

169 IL n'y a pas de transcendance de transcendance.

170 Ou ce à quoi est dû que de telles choses, impossibles, puissent être objet de connaissance, puissent avoir lieu, puissent se construire, puisent se présenter, puissent être proposées. (Autrement dit en quoi dépendent-elles de la même condition de possibilité que le sujet protocolairement valide).

171 Écriture automatique, création algorithmique, musique aléatoire, productions ouliponistes, écriture médiumnique, transes et oracles, les illustrations de cette tentative de production du sens sans sujet et sans acte (non protocolaire) n'en finissent pas.

172 Selon Descartes [..] *il me serait plus aisé de croire que l'âme cesserait d'être quand on dit qu'elle cesse de penser, que non pas de concevoir qu'elle fût sans pensée.* (Lettre au Père Gibieuf du 19janvier 1642).

173 *Ce qui constitue la nature d'une chose est toujours en elle, pendant qu'elle existe* (même lettre cf. supra). Rien n'est dit ici du mode d'être de cette permanence, ni du biais protocolaire destiné à en témoigner.

174 Le très célèbre « Ceci n'est pas une pipe » de Magritte a une application universelle. Dans la tradition théologique, on dit cela même de Dieu « ceci, le dieu qui se dit, n'est pas Dieu »

175 Descartes toujours à citer, a raison de dire que du néant rien ne peut provenir, et que le néant est cause de rien. La cause étant alors recherché chez un agent transcendant, et même transcendant absolu, car Dieu n'est pas une des choses du monde.

176 En admettant ceci, on admet également qu'il n'y a pas de manifestation « sensorielle » ou autre, tant soit peu hétérogène à la catégorialité.

177 De l'ordre de la manifestation qui s'énonce. Ceci au sens réflexe comme au sens passif.

178 Positionnalité signifiant ici ce en quoi consiste en effet cette chose qui ne se pense pas.

179 Comme, chez Descartes, le fait que l'on sache quelque chose de l'imperfection démontre immédiatement (ou « est la positionnalité de… ») la réalité d'une perfection totale et absolue.

180 Le seul domaine du sens où l'acte de sens n'est pas requis, est bien entendu le très fameux esprit de Dieu. Monde du sens où il n'y a personne. On peut en parler interminablement.

181 Si on connaît quelque chose de cette complétude réduite, ce savoir réduira la complétude dont il serait le savoir, et nous n'en saurons toujours rien.

182 Utiliser par exemple, un nom de substance, sans modes ni accidents constitue déjà la révocation de l'acte de donner une existence logique à la substance ainsi conçue, en tant qu'accomplissement logique sans limites et sans déterminations autre qu'ontologiques

183 Figure obligée du propos théologique. Supplier par exemple Dieu de nous permettre de le penser, d'une manière ou d'un autre, même imparfaite, lacunaire, par défaut, « en creux », et ainsi de suite.

184 On se rappellera Anselme, et son propos : *ce n'est pas de la même manière que l'on pense une chose, lorsque l'on pense le mot qui la signifie, et lorsque l'on comprend l'essence même de la chose, et encore ô Seigneur mon Dieu, instruits mon cœur comment et où te chercher. Et Augustin, Quel homme donnera à l'homme de comprendre cette vérité ? Quel ange la donnera à l'ange ? Quel ange à l'homme ? C'est à vous qu'on doit le demander, c'est en vous qu'on doit le chercher, c'est à votre porte qu'on doit frapper* Les confessions, chapitre 38).

185 La « non chose » est la substance. Laquelle est une chose (porteuse de qualités distinctives, dont des modes et des accidents).

186 Un des hétéronymes de Fernando Pessoa dit à peu-près ceci, « dès lors qu'on a dit 'Dieu', la question est close ». Mais cette impossibilité d'aller outre se dit, et se dit interminablement.

187 Même dans le domaine de l'inconçu, on ne peut pas chercher n'importe quoi.

188 En lieu et place de « positionnalité de... » on pourrait dire, plus vaguement, « vérité de... »

189 Sous la forme caractéristique, mais nullement unique de l'omniscience divine, bien détaillée par exemple dans Les Confessions d'Augustin. Mais également dans les Méditations Métaphysiques de Descartes.,

190 Il se pourrait que cette hallucination soit requise, et que même pour le plus subtil des théologiens Dieu soit un immense type avec une immense barbe, et que l'être soit une chose énorme et sans forme, affectée de tout les « sans » que l'on puisse concevoir.

191 Et la série interminable de synonymies où « perte » figure : oubli, rejet, interdit, impuissance, faiblesse, etc.

192 Caché dans un sous-sol, pendant qu'une rafle se déroule juste à côté, essayer de tousser bruyamment. Rien ne sera moins dépourvu de sens. La rupture de continuité du logique, illustrée par le silence, est de ce fait perdue.

193 Par provision, disons « pour moi » ; par provision, car de ce « moi » tout demeure à dire.

194 Pour adopter la rhétorique de la raison privative, non pas du possible, mais de sa catégorisation.

195 Qui s'exprime même comme un désastre intellectuel, comme par exemple dans le passage de Thomas d'Aquin (Contre les gentils) : *les biens que la Divine Providence nous réserve dépassent à l'infini tout ce que peut atteindre notre humaine faiblesse* ; Désastre qui requiert le suicide conceptuel suivant *comment ferons-nous l'effort pour les acquérir, si notre âme n'est pas élevée au-dessus des connaissances rationnelles que ce monde lui offre ?* Et on pourrait illustrer cette attitude par toute une bibliothèque de citations.

196 S'il pouvait y avoir effectuation de sens qui ne fût pas un travail, il n'y aurait pas de création ; à moins que celle-ci relève d'un autre logique, d'un autre monde du sens. Comment savoir ?

197   Par exemple dans le propos de Thomas d'Aquin ...*que re-cherche l'intelligence, sinon ma vérité et en dernière analyse la vérité première [...] Un mouvement naturel nous entraîne donc, comme vers notre fin, à la recherche de la vérité première.* (Contre les gentils). Ceci à titre d'illustration, parmi les milliers que l'on peut trouver ailleurs.

198   Que l'on ne peut ni penser ni dire en dehors de cette description de l'acte qui l'exclut.

199   Qu'aurait épargné sa propre effectuation.

200   Et, question de bon sens pourquoi ne pas s'en faire une raison ? Se limiter au niveau phénoménal déterminé et attestable ? Mais cet acte de renoncement est un acte logique, soumis aux mêmes conditions de possibilité protocolaire que tout autre acte logique. Si on ne pense pas sous forme d'échec d'un dépassement, on ne pense pas tout-court. On ne se résigne pas.

201   Accompli par exemple par la destruction (matérielle ou symbolique) de cette chose que je suis en train de faire être. Et en abolissant l'acte de destruction. S'il s'agit de casser la chaise qui vous a cogné les orteils, c'est une chose. S'il s'agit de détruire des gens dont les identités contrarient l'établissement d'un autre genre humain encore virtuel, il serait pertinent de faire en sorte que ceci ne se produise pas.

202   L'acte catégoriel de faire que cela soit.

203   « S'il n'y avait pas de sujet, quelle extraordinaire vérité s'ensuivrait ! » ou encore « l'homme est l'ennemi de l'absolu ». Etc. ad libitum. Et certains le lui font payer cher. (Cf. bûchers de l'inquisition, entre autres)

204   Cf. Descartes, l'assomption narrative de son travail Ainsi mon dessein n'est pas d'enseigner ici la méthode que chacun doit suivre pour bien conduire sa raison, mais seulement de faire voir en quelle sorte j'ai tâché de conduire la mienne.

205   « Moindre fait » qu'il est plaisant d'illustrer par les éructations en fin de compte lourdes de sens d'un patient de Balint dans : Le Médecin, son malade et la maladie, Payot, 2003

206   Sous forme de vide, de chaos, d'eau, de gouffre, d'obscurité, œuf cosmique, tohu-bohu, vide innomé, l'absolu, et tous les autres mythes répertoriés dans les histoires des religions.

207   Essentiel, immanent, intrinsèque.

208 Ou occurrence catégorielle quelconque, par exemple une migraine qui a sa façon propre de dire le monde. Et même des occurrence catégorielles déconsidérées dans la hiérarchie du conceptuel, que je vous laisse imaginer.

209 Ou de l'indéterminé absolument indéterminé, que l'on ne dit pas, sauf par cet acte bien déterminé de ne pas le dire, et en ce sens on doit toujours accomplir l'acte de ne pas le dire.

210 La citation du propos attribué (à tort, semble-t-il) à Spinoza « omnis determinatio est negatio » illustre (sans valeur de démonstration) cette circonstance.

211 Terme plus technique et plus pauvre pour dire « initiale », « fondamentale ».

212 En désignant ainsi quelque chose comme « le domaine de la catégorialité effective »

213 « Sens » exprime le fait suivant : « que se manifeste ce que c'est ce qui est ».

214 Slogan déjà ancien: « do it yourself ». Des bricoleurs inspirés, voire géniaux, se sont adonnés à ce bricolage conceptuel, pour le plus grand plaisir de ses consommateurs. Et, mais sous une forme noble, on peut en repérer l'occurrence dans la poésie.

215 L'universalité et la véhémence de cette pratique conceptuelle nous ferait dire que « l'homme est fou de sens ». Et qu'il en mourra peut-être.

216 Sur « catégoriel » : On peut avancer dans l'élucidation de cet attribut, en constatant que le sens effectué est du sens pour un autre. Quoi qu'on fasse. Mon râle d'agonie est dit à l'autre, que je le veuille ou non. Et l'autre ne peut pas ne pas le vouloir. Ainsi tout humain est-il dépossédé du sens qu'il constitue.

217 « Déductible après-coup ».

218 Il en va de même pour le « je » qui dit « je pense », car le sujet consiste en ce « je » qui le dit, et non pas en ce « je » présent dans l'expression « je pense ». Et qui sera soustrait à toute description.

219 Sous forme de maxime, à négliger, « penser est un acte de deuil ».

220 Le travail textuel consiste toujours, et s'y réduit, à penser le commencement du fait textuel. Imaginez si vous pouvez que

291

cela se passe en dehors de l'acte d'accomplissement du textuel. Que du textuel soit, pour qu'ensuite son commencement se pense, par un acte qui ne serait pas, lui, textuel.

221 Logos, Verbe, voire lumière de l'esprit, intuition, etc. Ce « dire » qui précède (ou soutient) le « dire quelque chose » se désigne multiplement.

222 « Juste avant », infiniment avant, caractérisé par un intervalle « plus petit que tout intervalle aussi petit que l'on veut », du moment que cet intervalle tende vers zéro, tout en restant toujours quelque chose qui diminue. Mais il suffit qu'il ne soit pas nul pour que la position d'un « fait de dire » qui n'est pas encore le fait de « dire quelque chose » subisse auto dénégation. Voire autodestruction.

223 Considérer l'allusion au cogito comme une circonstance permanente.

224 On ne dit pas le nom de Dieu, alors que sans lui aucune rationalité ne peut être validée. De même, chez Thomas d'Aquin, d'après Avicenne, (L'être et l'essence) *l'être et l'essence étant ce que l'intelligence conçoit en premier lieu [...] il faut éviter toute ignorance à leur sujet.* Ce qui met en branle toutes les apories propres au texte qui dit le commencement, autrement dit ce qui le précède, alors qu'il est déjà le texte (la textualité) de ces principes, qui devraient par conséquent se précéder eux-mêmes. Ce qui disqualifie leur valeur de précession.

225 Toute chose, sauf pendant le temps où elle n'est rien pour personne, en aucun mode, est une assertion ontologique spécifique. Étant assertion elle est de nature catégorielle.

226 Sauf à imaginer l'accomplissement de cette existence de la chose quelconque dans quelque espace qui ressemblerait à l'image ingénue de l'âme, caricaturée par Descartes : *j'imaginais qu'elle était quelque chose extrêmement rare et subtile, comme un vent, une flamme ou un air très délié, qui était insinué et répandu dans mes plus grossières parties*, ou dans un vide, ou dans une écoute ou dans le regard d'un dieu. Ou autre. Les figures de l'inconçu sont en nombre illimité.

227 Au sens d'advenir, survenir,

228 Mallarmé, « Crise de vers ».

229 Constitution et non pas « création ». Il n'y a pas de création, tout acte logique étant comme le mode d'existence d'une effectivité catégorielle quelconque. Mot ou objet supposé « non verbal ». Une chose.

230 Relativement aléatoire, car, dans une totalité du logique, (que ce soit diachronique ou synchronique quant à ce qui se passe) il n'y a pas de hasard. Dixit Pangloss ? Aléatoire cependant, car exclusive de supposition et d'anticipation, et non déductible de ce qui est (il faudrait pouvoir arrêter « ce qui est » à un moment 'm' pour opérer la déduction du moment 'm+1').

231 Il est licite de désigner cette entité (« sens totalisé »), car il en est explicitement question dans de nombreux textes de la tradition. Exprimé en tant que manque absolu, mais désigné, caractérisé décrit et saturé. Savoir absolu, Dieu, l'être, et ainsi de suite ad libitum.

232 Source (positionnalité) du désir logique qui apparaît sous forme, par exemple, de quête de la connaissance de Dieu, fondée sur la certitude de son existence. Existence qui est strictement réelle, en tant que représentation de cette « absolue intégralité du sens » immanente à l'acte effectif de sens quel qu'il soit, du seulement au fait que cela soit. Ou, comme il est dit plus haut, « qu'il existe un acte logique ».

233 « Texte » pour « effectuation catégorielle traduite en mots ».
234 cf. « Troisième médiation » (Descartes) et la production antérograde du 'je' à partir du 'je' qui dit je pense que je pense. (Il n'est pas possible de dire « je pense », cette expression consistant en une réduction rhétorique de l'expression complète « je pense que je pense »).

235 Ainsi, « sens » n'a de sens que relativement à une existence de quelque humain. Car, sinon, qu'il y ait « sens » ou non, nul n'en saura rien, mieux, nul ne saura que quelqu'un en sait quelque chose ou que nul n'en sait rien. Ce « nul » qui eût pu savoir, est l'un des noms acceptables de Dieu. Car comme vous savez tout nom de Dieu doit dire implicitement la nullité de la chose et de l'acte de la désigner. Tout théologien moyen vous dira que « Dieu » n'est pas le véritable nom de « Ça », dont ne nom est au-delà des noms.

236 L'imminence ne peut jamais être autre chose que « imminence de… », et fait partie de l'existence de ce qui se situe

293

« juste avant » son accomplissement. Même si l'intervalle qui justifie ce « juste avant » est infime, plus petit que tout intervalle aussi petit que l'on voudra.

237 Aléatoire, car il faudrait remonter à la première circonstance logique, pour que la qualification d'aléatoire ne s'applique qu'à cette circonstance, et nullement à la totalité de ce qui s'en ensuivit. Mais pour accomplir cette conversion en nécessaire il faudrait en même temps être parvenu au terme aléatoire de tout accomplissement effectif du logique. La nécessité, n'en déplaise à Pangloss, ne peut être que rétroactive, partir de la fin de l'histoire du sens, et remonter à son commencement aléatoire. Leibniz-Pangloss aurait eu raison après l'aboutissement en ce moment terminal, et à condition de pouvoir déterminer le commencement de toute la série. Mais malgré cette impossibilité pratique, mécanique, le non nécessaire n'est pas non plus susceptible d'être posé valablement, autrement dit de se concevoir.

238 On doit dire « inchoative », et pas plus. Nous ne connaissons pas un fait fondateur, initial, premier, que lorsque (et seulement alors) il remplit sa fonction de commencement. Et nullement « à distance »,

239 Cette expression se comprend si on l'imagine autrement que sous forme de découpage d'un bifteck dans la pièces de bœuf. Le sens qui s'effectue est le sens en quoi consiste cette effectivité (fondamentalement matérielle, serait-ce une pensée ou une image. Creusez.)

240 Car tout le temps de ma vie peut être divisé en parties, chacune desquelles ne dépend en aucune façon des autres et qu'ainsi, de ce qu'un peu auparavant j'ai été, il ne s'ensuit pas que je doive maintenant être si ce n'est qu'en ce moment quelque cause me produise et me crée, pour ainsi dire derechef, c'est-à-dire me conserve et une substance, pour être conservée dans tous les moments qu'elle dure, a besoin du même pouvoir et de la même action, qui serait nécessaire pour la produire et la créer tout de nouveau. (Déjà cité cf. supra)

241 Et, par redondance, humain.

242 Paraphrase de Mallarmé : la poésie agît, étant.

243 Et pourtant, il n'est pas rare que l'on néglige, en pensant, la superfluité de cette adjonction.

244 « Hypothétique » : qui supporte d'être énoncé en tant qu'hypothèse quel que soit le destin ultérieur de cette hypothèse.

245 On peut les faire apparaître, pour voir. La totalité, par l'exclusion du domaine de l'effectuation du sens de la pensée du sujet de cette effectuation. Anéantir sa pensée comme équivalent de l'acte de penser Dieu (Descartes et Anselme nous le conseillent). La visibilité du substrat effectif de la lecture, par la matérialité lexicale du concept : écrire un mot sur une page blanche et longtemps le contempler. Si un tel mot est Dieu, ou Être, par exemple, son illisibilité est partie constitutive de sa caractérisation, et le jeu est joué, sans issue et sans conteste.

246 On assiste à cette opération par exemple dans les Méditations Métaphysiques. On assiste au retour du rejeté, mais produit par la cause absolue, moyen qui permet de maintenir l'annulation de tout ce qui serait produit par moi, ou qui serait sans cause, tout en l'annulant. C'est peut-être un des sens possibles du passage par l'esprit de dieu pour fonder la réalité des choses, du monde, du sujet.

247 Pragmatique, technique,

248 Que 'se gratter' soit la fondation totale et absolue de tout le sens possible, et ne puisse pas être logiquement moins, réalise simplement cette alternative qui conditionne l'existence d'un sens, et qui consiste en celle, radicale, de l'existence ou l'inexistence de quelque humain.

249 C'est une circonstance logique triviale, très exploitée dans la domaine de l'humour : Ville construite à la campagne, la lune plus utile que le soleil, car elle éclaire la nuit, quand il fait noir, la liste des objets introuvables de Carelmann, les apories comiques du chat de Geluck, en passant par Woody Allen, Groucho Marx, etc. Jeu dont la positionnalité consiste en cette visibilité logique de l'impossible, et l'imminence permanente du sens de ne pas se produire.

250 Parmi tant d'autres, qui manquent, et dont le manque nuit, il faudrait inventer un signe de redondance.

251 Mais on peut faire passer la notion sous pseudonyme : « L'Esprit de Dieu » par exemple, ou l'être en tant qu'être.

252	La tentation est grande de transgresser cet empêchement.
253	Il ne faut pas dire « effectué », qui suppose une fin et un après-coup.
254	Ce qu'exprime la lamentation sur l'obstacle qu'oppose la pauvreté de l'esprit humain (redondance) à la compréhension de ce qu'est Dieu.
255	Le terme simple qui abrège cette description serait celui-ci « cela s'explique par... »
256	Sans faire appel à une « méta fonction », le niveau « méta » consistant en la transcendance mécanique de toute catégorialité relativement à un inconcevable statut purement ontologique de ce qui est.
257	Même par l'écart infinitésimal désigné par les mathématiciens comme la grandeur epsilon.
258	Ce moment infiniment fugace et béni, pendant lequel je ne suis qu'une chose qui pense. Même avant de penser quoi que ce soit.
259	Mallarmé, « Crise de vers » : est-ce bien utile de le préciser ?
260	Et de toute attribution, et de toute catégorialité, y compris celle en laquelle consiste sa dénomination
261	« Inconçue » car nous ne pouvons pas savoir si elle est inconcevable. Elle existe dans cet acte de « inconception », qui est acte logique réel. « Inconçue » pour ce que nous pouvons savoir, et tant que ça dure.
262	Ou « l'être » substantif, ou le moi-chose-qui-pense.
263	Ce qui ramène ici la problématique des glossaires, lexiques, dictionnaires. Et de tout acte de « simple définition » non productive, non créative.
264	Et matérielle et protocolaire ; matérialité protocolaire, œuvre d'humain dans la règle du possible logique, comme une sorte d'artisanat catégoriel.
265	Plus exactement, constitutif de l'existence logique de quelqu'un. Sauf si on réussit à décrire le sujet imaginaire qui serait à l'extérieur -même infiniment près- de cette opération constituante du fait logique afin de, « ensuite », la produire.
266	Ce « sol » du sens intéresse principalement les navets.
267	Ce que veut dire « Positionnalité » s'exprime dans les propos suivants : « qu'est-ce qui existe qui permet que ceci, qui n'existe pas, existe quand même en tant qu'inexistant » ; ou

encore, « qu'est-ce qui existait déjà et qui est ce en quoi consiste ceci, qui n'existe pas » ; ou : « dans quoi, qui existe, ceci, qui n'existe pas, existe-t-il ? » et plus simplement « en quoi cela -inconçu et catégoriellement inarticulable- consiste-t-il, en fait ? ».

268 De zéro à un, de un à zéro, de zéro à zéro, de un à un, ou, en représentant ce 'un' par la réalité d'un accomplissement logique local, figuré par le symbole « L », il est impossible de localiser ce vide, ni dans 'L', ni avant 'L', ni après 'L' ni dans la jonction de 'L' à L-1, ni dans la jonction 'L' à L+1.

269 Entrée en matière gratuite, illustrée par exemple par l'énonciation du terme « Dieu ». Mais aussi « savate ». Si un terme se disait, il n'y aurait plus de réalité logique.

270 S'il fallait une précision, on dirait que « le logique » désigne « ce qui relève du sens »

271 À séparer du mode d'existence de l'impossible logique dans des domaines comme la poésie, la fictionnalité en général. Car le discours impossible de l'impossible a cette particularité de se compléter par une dénégation de son impossibilité. Il n'en va pas de même pour la fiction (et l'art, et la poésie) exclusives de preuve, mais à bon droit.

272 *Nous pouvons remédier au préjudice résultant de l'incertitude des souvenirs qui se rapportent à un rêve, en postulant que ne doit être considéré comme étant le rêve que ce que le rêveur raconte* (Introduction à la psychanalyse – Petite bibliothèque Payot – 1972 – page 71)

273 Selon les « Méditations métaphysiques » comme chacun sait.

274 Ce « nul » peut apparaître dans la forme fictionnelle d'un sujet autre que tout sujet, dieu ou messager des dieux, largement utilisé dans les spéculations ordinaires, ou apologétiques. Celui qui sait ce qui ne se sait pas, sans pour autant le transformer en ce qui se sait. C'est une réalité catégorielle qui a son référent fonctionnel : et seulement fonctionnel. Et qui consiste en sa propre dénégation.

275 *Est-ce qu'une sonnerie de téléphone ou une mouche ne risquent pas d'arracher quelqu'un à sa lecture au moment précis où toutes les parties constituantes convergent vers l'unité d'une solution dramatique ? Et que se passera-t-il si le lecteur voit son frère, supposons, entrer dans sa chambre pour*

297

lui dire quelque chose ? La noble tâche de l'écrivain est gâchée à cause d'un frère, d'une mouche ou d'un téléphone. Pouah, vilaines mouches, pourquoi vous attaquer à une race qui n'a plus de queue pour s'en débarrasser ? Considérons ceci de surcroît : cette œuvre unique et exceptionnelle que vous avez élaborée, ne fait-elle pas partie d'un ensemble de trente mille autres, non moins uniques, qui paraissent chaque année avec régularité ? Détestables parties ! Devons-nous construire un tout pour qu'une parcelle de partie de lecteur absorbe une parcelle de partie de cette œuvre, et encore partiellement ? Witold Gombrowicz, Ferdydurke, Gallimard, p. 105.

276 Libre à la science linguistique d'en identifier un autre degré de catégorialité « trans-textuel »

277 Au sens de « résultat trivial » d'une équation qui aboutit à « zéro égale zéro ».

278 D'innombrables exemples dans l'histoire de l'art récent, depuis Duchamp (ready made), mais aussi dans les pratiques mystiques et ecclésiales de toute sorte (reliques, fragments de la sainte croix et tutti quanti)

279 Représentable comme la demi-droite comportant son dernier point, par un crochet carré fermant :
$$\text{_____]}$$

280 Action déterminée par la matérialité qui autorise son déroulement. La notion de « protocolaire » comporte cette détermination, le fait logique étant en même temps acte du sujet et « virtus » du substrat matériel, et semble plus complet que d'autres notions comme : praxique, opératoire, fonctionnel, instrumental, comportemental, pragmatique, etc.

281 Par fiction, on peut supposer qu'en absence de sujet, il n'y aurait pas de catégoriel. Mais il n'y aurait pas d'ontologique non plus. Il n'y aurait même pas de « il y a ».

282 *Je dis : une fleur ! [...] idée même et suave, l'absente de tout bouquet.* Mallarmé Crise de vers. A remarquer cependant que cette absente est déterminée comme telle, et requise pour que s'accomplisse l'absence des *corolles sues*, au profit de l'idée même.

283 Les « visages –ou les masques- de l'indicible »

284 Parodiquement, on pourrait l'appeler « mode standard ».

298

285 Dont l'acte le plus simple est la négation, expérimentée, de l'inexistence de toute chose, ou, pour abréger, la manifestation du fait que quelque chose existe.

286 Entité catégorielle concevable pour autant que toute détermination a pour complément la série (de conjonctions) infinie de déterminations négatives ; « un mouton noir » n'est pas blanc, n'est pas un loup, ni une machine à coudre ni un parapluie, ni…ni…à l'infini. Il suffit de rendre cette série illimitée, non différentielle, ne se référant pas à une série de déterminations positives (aussi interminable) ou de ne pas la corréler à une entité logique véritablement déterminée. Ainsi peut-on dissimuler la série infinie de conjonctions négatives en la limitant à ce qui correspond à la série de déterminations réelles d'une entité logique catégorisable. Dieu par opposition à l'homme, chez Descartes par exemple.

287 Par exemple, les unités phonologiques simples, qui ne sont encore rien, en tant que sens constitué, même minimal, ne commencent à exister, en tant que fait identifiable, qu'à partir de l'entité logique constituée dont ils sont les composants. Sinon, on ne pourrait pas les y chercher. Cet aboutissement de la constitution d'un constitué, déterminé par une interruption dans l'élaboration continue de formes effectuées du sens, est conditionnée par cette interruption constituante.

288 « Un fait » pour simplifier. Il faut dire « une catégorialité constituable ».

289 « Pragmatique » suppose l'existence d'un sujet qui peut agir, qui va agir, mais qui existe encore pendant le temps où il n'agit pas encore. On ne peut pas penser un tel sujet, faute de qualifications pertinentes. Même si on peut en former la représentation fictionnelle.

290 Constitution d'un signe corrélé à une manifestation, en commençant par le signe en lequel cette manifestation, déjà, consiste.

291 Descriptible, distinct, caractérisable, apparemment répétable.

292 Anecdotiquement, montrer du doigt, en disant ou non « ceci », regarder fixement, frôler des doigts en fermant les yeux, et ainsi de suite

293 C'est lieu où vit le sens, et il est requis de s'y conformer. Sauf si par jeu, on joue à dépasser ce dépassement. Par mensonge

ou par création poétique (« poétique » étant ici utilisé comme le nom général de toute création artistique : poésie bien entendu, et littérature, peinture, musique et tout le reste).

294   Peut-on penser une effectuation « immatérielle », ou qui ne soit quelque réalité effective, qui pourrait d'ailleurs se réduire au fait qu'une telle « réalité immatérielle » se dise, ou manifeste par quelque mode de la matérialité. Pour parodier respectueusement un autre vocabulaire, on pourrait appeler cette matérialité la chose sémique quelconque.

295   Et si on se perme de demander « qu'est-ce que le sens », je réponds que la question est inconcevable, on ne peut dire de quoi que ce soit ce que cela est, mais on peut décrire en quoi cela consiste. Ici, c'est la manifestation (irréversible) de l'ontologique ou l'ostension quelconque. Car, que cela soit, peut importe. Que le fait que cela est apparaisse, de quelque façon que ce soit, est un possible protocolaire.

296   Y compris, se montrer.

297   Par exemple les catégories aristotéliciennes que tout écolier sait réciter : la substance (ou essence), la quantité, la qualité, la relation, le lieu, le temps, la position, la possession, l'action, la passion. Traduisibles respectivement en : être quelque chose, utiliser une certaine quantité de matière (un mot écrit, un dessin, un caillou sur la route, une douleur intra crânienne etc.), de se distinguer de tout autre accomplissement logique, de figurer dans un système, de se produire localement, de durer, etc.

298   On peut lire les tautologies classiques de la logique des propositions en termes de tautologie protocolaire. À chaque fois, on retrouve la tautologie protocolaire cartésienne, à savoir, même s'il est vrai que je ne suis rien, je ne peux l'énoncer sans le contredire. Il s'agît ici, non pas de vérité, mais de ce qui est catégorisable sans auto dénégation. Ce qui s'énonce sans se dédire en s'énonçant. L'équivalence de p à 'p', (ou l'égalité essentielle A=A) requiert cependant un processus rhétorique mais également logique, qui consiste en la lecture de la formule, par exemple de gauche à droite. La non instantanéité de la tautologique exprime sa valeur protocolaire.

299   Mot forgé, mais indispensable.

300   Qui n'est pas disjoint du dépassé.

301   En utilisant la fiction séquentielle, narrative, analytique d'un lieu vide, et d'un fait qui vient s'y constituer.

302   Autrement dit, vérité protocolaire

303   Dont l'existence (existence positionnelle) consiste uniquement en l'impossibilité de la nier.

304   Le seul logique qui se produit. L'essence du logique est un emplacement.

305   Relativement aléatoire, car l'origine de l'univers, même seulement imaginée, étant un fait unique, absolu en ce sens, produit une détermination de nécessité qui atteint tout événement subséquent.

306   Au sens compatible avec l'étymologie (« explicare »), de « accomplissement vers l'extérieur », ou vers le concret.

307   Si cet objet était désignable sans dénégation interne.

308   « Dieu », si l'exigence est forte. Mais des créatures aptes à proférer ce qui ne se dit pas ne manquent pas, à des niveaux plus modestes. Des Maîtres et des Guides, des Oracles, des Pythies, de Prêtres, mais aussi des petits gourous de banlieue, voire des voyants et astrologues de magazine. Sans parler de la grande profératon propre à la publicité comme à la propagande, et qui émane directement du vide de toute pensée comme si ce vide existait, et qui le fait exister.

309   Ou alors, on dira qu'aucune dénégation non protocolaire n'est recevable. Autrement dit, on ne dira pas que quelque chose, mon inexistence, ou l'existence de Dieu est fausse, indicible donc à ne pas dire, mais seulement que lorsqu'on le dit, de ce fait même on l'abolit, et que nulle abolition autre que protocolaire ne peut avoir lieu (par exemple, la résolution prise une fois pour toutes de taire ce qui ne peut pas se dire).

310   Du signal, ou encore moins, à la bibliothèque nationale, ou encore plus, mais pendant le temps où aucun signal n'en est perçu, et qu'aucun des livres de la bibliothèque n'est en train d'être lu.

311   Cette « vivification » rappelle le « pneuma » des stoïciens, catégorialité du fait ontologique, se produisant selon un protocole logique (humain par redondance). Comme un souffle de rationalité instillé à l'univers matériel.

312   Au sens technique, hydraulique.

313   On pourrait dire, de cette existence de tout, qu'on peut l'entendre et au sens diachronique, comme la multiplicité de tout ce qui a déjà été fait comme effectuation du sens, dans le temps, et ceci depuis le commencement de tous les commencements, quel que soit l'épisode, existant ou non, qui correspond à cette description, mais aussi au sens synchronique, car de proche en proche, l'effectuation du sens est l'œuvre simultanée de la totalité des humains existants, jusqu'au dernier des derniers, jusqu'au plus éloigné dans l'espace. La sonnette qui tue le Mandarin est l'ordinaire de tous nos propos et actes de sens. Même si on ne peut pas le savoir directement, la négation de ce fait serait contradictoire.

314   Mais il ne peut pas y avoir production de ce qui n'est pas, ni existence de ce qui est, exempte de production. La condition protocolaire comporte l'existence d'une chose logique, d'une catégorialité réelle.

315   Scarification ou phrase immortelle, ou pierre, et même la pierre de Descartes, (la pierre qui n'a point encore été,) fait l'affaire, et même l'absente de tout bouquet, qu'il faut faire être avant de l'abolir.

316   Regarde-t-on une inscription, même indéchiffrable ? Face au manuscrit de Voynich, sommes-nous vraiment en train de seulement regarder ? Regarde-t-on le monde, tout en lui épargnant la conversion catégorielle ?

317   Mais sans ce « pur ontologique » il n'y aurait pas de conversion catégorielle. Et peut-on « penser » (effectuer catégoriellement) l'inexistence d'un pur ontologique, cette inexistence qui annulerait la réalité catégorielle ? « Annuler la réalité catégorielle » est d'ailleurs le même que ne pas avoir de réalité logique, de ne pas exister « pour nous », qui ignorerions même cette inexistence.

318   Par figure, la péremption du fait logique et du sujet qui lui est intrinsèque est absolue. Mais jamais institutionnelle. C'est un acte logique qui découle de la non itérativité accomplie. Le sujet auquel il est fait ici référence est le sujet protocolaire. Ni psychologique, ni transcendantal, ni autre chose.

319   Qui dépend de cette circonstance immotivée, qu'il y a au moins un « sujet catégorisant », circonstance qui n'est ni nécessaire, ni éternelle. Et même, dont les jours sont comptés.

320   Au sens d'effectuation catégorielle du sens, toute catégorialité étant par ailleurs une matérialité quelconque.

321   C'est une figure, car la matérialité ontologique (« ontique » si
on veut, comme s'il y avait deux réalités de l'ontologique,
dont une ne serait pas « ontique ») n'agît pas « par elle-
même ». Faute de Dieu, elle doit se contenter de notre capacité à la faire se manifester, selon nos règles et conditions,
voire dirimantes. Le dépassement (peut-être seulement la
conversion) immédiat de l'ontologique en logique, provient
du simple fait que cela, dans une mesure quelconque, même
infime, est ostensible. Plus exactement, pour éloigner l'image
d'une chose qui est et qui ensuite devient ostensible, on peut
dire que la chose consiste en son ostensibilité. Plus rudimentairement, ce fait consiste en ce que quelque humain existe.

322   Descartes, Méditations Métaphysiques peut-être se pourrait-
il faire, si je cessais de penser, que je cesserais en même
temps d'être ou d'exister

323   Et c'est ainsi que le sens, toujours, manque totalement. Ce qui
manque est la complétude effectuée de la réalisation catégorielle du sens, et non un épisode définit de ce complètement.

324   En réalité, une restriction protocolaire, relevant de la condition privative qui soumet la réalisation conceptuelle de la catégorialité.

325   En quoi consiste et comment se réalise une telle présence mé-
rite description, et une telle description est déniante. En
termes simples, « être dans la pensée » consiste uniquement
en l'acte de penser. Trivialité qu'il convient de ne pas oublier,
de ne pas escamoter.

326   Descartes « Méditations Métaphysiques »

327   Et uniquement le dépassement spécifique d'un fait catégoriel
déterminé

328   Les villes bâties à la campagne, le grand malade heureux
d'être en très bonne santé, la lune plus utile que le soleil, car
elle éclaire pendant la nuit, quand on n'y voit pas, alors que
le soleil s'obstine à briller en plein jour, en pure perte, etc. La
technique de production de ces exemples de cas inarticulable
est transparente. Déni de l'irréversibilité, déni de l'exclusion
spatiale, etc. Ce qui n'est pas sans quelque ressemblance avec
la question des formes bien formées en logique. Sauf que ces

303

formes de l'inarticulable ne sont pas à seulement rejeter comme si « ce n'était rien ». Consultez plutôt Carelmann (Catalogue des objets introuvables), Geluck (Le chat), Woody Allen, Alphonse Allais et quelques autres.

329 À partir de son impossibilité propre.

330 De là à postuler, par une attitude du même ordre que les théologies négatives, que cet illimité existe, et que le limité n'en est que le déchet, il n'y a qu'un pas. Dont le franchissement est contrarié par cette circonstance occurrente, et même toute bête, qu'à aucun moment cet illimité n'a eu d'existence que sous cette forme d'incarnation catégorielle (une sorte de « chute »), même lors de sa désignation. En tant qu'illimité.

331 Ou encore par redoublement, ou par l'utilisation d'une paraphrase déniante. Ainsi, statuer qu'il n'y a pas de vide au-delà de ce vide, et utiliser cette négation pour annuler cette fonction de « creux terminal », soit en le désignant par un comblement qui serait par essence nul : mutisme, néant, sujet manquant, etc.

332 Par image, sans valeur théorique, il n'y a pas de lieu inerte dans le domaine de l'effectuation du sens.

333 La transcendance réelle, conversion de l'ontologique en logique, est le mode dont existe l'immanence radicale du domaine du sens.

334 L'inventaire et la description « phénoménale » de ces conditions est une autre tâche, et même une autre discipline. On peut mentionner les termes d'un commencement d'inventaire, en disant « sujet », corps, choses, langage, contexte historique et culturel, etc. Sous forme de liste, cette besogne est interminable. Mais le déni de la condition protocolaire est auto déniant.

335 Des figures conceptuelles et fictionnelles abondent dans la littérature, dans des catégories comme la chose, notion qui subsume bien d'autres, comme l'Être, le Dieu, le Un, le Tout, etc.

336 Une représentation qui convient à la vérité de cette « fonction de creux » peut se lire dans la Méditation quatrième au sujet de l'indifférence et son lien avec la liberté. L'indifférence dont le destin (la positionnalité) est de s'éteindre sous forme de conversion en liberté investie.

337	Le « pneuma », le spiritus du Nouveau testament
338	Catégorisé par la notion de « saut », le hiatus, la nullité logique quelconque (etc.)
339	Exemple de dérivation par analogie relativement au prototype « je ne pense pas que je ne pense pas » d'où dérive : « je ne pense pas que je ne suis pas », parce que je le pense (nécessité protocolaire)
340	Modèle pour les fictions d'un Verbe absolu, d'un Logos identique à la vérité absolue, voir d'un Esprit omniscient, porteur d'un sens accompli sans aucune limitation, ce qui est auto déniant.
341	Rien ne s'invente ici. Psychanalyse, particulièrement Balint (Le Médecin, son malade et la maladie, Payot, 2003) et son déchiffrage des éructations d'un patient, par exemple, et même les psychologues systémiques comme Watzlawick nous confortent dans cette conviction que ce qui est, « pour nous » et aussi longtemps que nous y sommes (les humains) est (devient) de nature catégorielle.
342	Mallarmé Divagations, Ballets : *comme si la chose se passait, madame ou monsieur, chez l'un de vous avec quelque baiser très indifférent en art.*
343	Il faudrait dire « sujet de tous les sujets du logique », cette production de sens pouvant s'attribuer à tout ce qui existe d'une manière où d'une autre. Plus exactement, tout ce qui consiste en la négation du fait que nulle chose n'existe. Cette circonstance fait supposer l'existence d'un sujet qui serait sujet de tous les sujets du logique, y compris le sujet qui est le sujet de tous les sujets du logique, et ainsi de suite. On peut arrêter cette série remontant en lui assenant le terme « Dieu ».
344	« Figure » se lit aussi « consiste en la catégorialité », ou « catégorise ».
345	« Pour nous » !
346	« Fonction perdue » ou imminence d'extériorité d'hétérogénéité et ce qu'il en advient
347	Le « au-delà » du logique est strictement local et immanent.
348	Incapacité par excès. L'anticipation d'un fait logique est le fait logique anticipé.
349349	Plus grossièrement, on pourrait appeler ceci « destruction pragmatique ».

350   Et que cette affirmation (selon laquelle il n'y a aucun logique) soit fausse n'est somme toute qu'un postulat. Le rejet de ce postulait n'entraînerait pas d'erreur logique, mais seulement l'inexistence du logique.

351   Ou bien : « ne se dit pas », « ne s'indique pas », « ne se montre pas », « ne se symbolise pas », « n'apparaît pas », « ne se concrétise pas » etc. etc.